1 THEME × MINUTE

わかる!! できる!! 売れる!!

キャッチコピーの教科書

3秒でお客様を魅了する
キャッチコピーの超プロ

さわらぎ寛子
Hiroko Sawaragi

はじめに
コストゼロで魅力がアップする！

「せっかく良い商品があるのに売れない」
「言いたいことがヒトコトで伝わらない」
「商品やサービスの良さをもっと多くの人に伝えたい」
「お客様が心から『欲しい！』と思うような売り方をしたい」——。

　そんな思いを抱えている方へ。
　この本は、「キャッチコピーを作ることで、売上を上げる」ための本です。たった1行のコピーで、売上が上がるなんて本当？
　そう思った方もいらっしゃるでしょう。

　こんな経験はありませんか。
　書店の前を歩いていて、ふと目に入った本のタイトルが、まるで自分に話しかけているようだったので、思わず手に取ってしまった。
　スマホでFacebookを見ていたとき、友達のタイムラインでシェアされていたイベントのタイトルが面白そうだったので、クリックしちゃった。
　店頭に貼られていたポスターが気になって、その商品を検索した。
　電車の中で隣の人が読んでいる新聞の見出しが気になった。
　Yahoo!ニュースのタイトルが気になって、記事を読んでみた。

　誰もが一度は経験したことがあるはず。
　それらはすべて、「キャッチコピーの力」です。
　キャッチコピーとは、一瞬で相手の心をつかみ、「もっと知りたい」「ここに行きたい」「これが欲しい！」と思わせるもの。

　どんなに良い商品やサービスがあっても、伝わらなければ売れません。商品やサービスの魅力を伝えるためには、最初にパッと目に入る

003

キャッチコピーで「心をつかむ」ことが必要なのです。

　キャッチコピーは、広告だけではなく、様々なシーンで使えます。
　チラシ、PR、ホームページ、メルマガやブログ、企画書、ネーミング、提案書……どんな業種や職種でも、キャッチコピーのスキルを身につければ、今日からあなたのビジネスが大きく変わることでしょう。

　私は18年間、コピーライターとして、大手企業の広告制作に携わってきました。書いたコピーは3万本以上。
　8年前に独立してからは、個人事業主や中小企業の経営者の方にお会いする機会が増えました。そこで気づいたことは、
「良い商品やサービスがあるのに、全く伝わっていない」
「キャッチコピーを変えれば、絶対もっと売れるのに」ということ。
　本当に、もったいない!!
　売れるキャッチコピーが自分で書けるようになれば、お金をかけずに、もっと多くの人に商品の魅力を知ってもらえるのに、みんな「キャッチコピーの威力」を知らなすぎる。そして、自分に「売れるキャッチコピー」を書くなんて無理だと思っている方も多いのです。

　私がコピーライターだというと、皆さん声を揃えておっしゃいます。
「キャッチコピーって、センスでしょ？」「語彙力がないので……」
　いいえ！　キャッチコピーを作るのに、特別なセンスや語彙力は必要ありません。
　私は、中小企業の経営者や商店主、起業家の方向けに、キャッチコピーや売れる文章が書けるようになる講座を毎月開催しています。
　私の講座に来られる方は、パン屋さんや美容師さん、焼き肉店の経営者、占い師、開業助産師、ヨガ講師、セミナー講師、コンサルタント、料理教室の先生、ベビーマッサージなどのおうちサロンをしている方など、ありとあらゆる業種の、ふつうの人たちです。

むずかしいマーケティングの勉強をしていなくても、特別なセンスや語彙力がなくても、誰もが、キャッチコピーを自分で作れるようになるのです。この本は、「誰でも、今日から、結果が出せる」キャッチコピーの教科書です。
　読んでいくだけで、あなたの商品やサービスのキャッチコピーが最速で作れるように構成されています。そして、一度、キャッチコピーの作り方を学べば、それはあなたの一生の財産になるでしょう。

　忙しい店長やスタッフさんが、気軽に読めて、すぐにでも今日からPOPやチラシに使えるようにしました。
　毎日の仕事に追われるビジネスマンが、メールのタイトルやプレゼンの資料、新規企画のネーミングに、すぐ取り入れられるヒントになればと書きました。
　おうちでサロンを始めたり、好きなことで起業したいとがんばっている人が、自分自身や商品・サービスの魅力をいちばん伝えたい人に届けられるようにと願いを込めて執筆しました。
　パラパラとめくっただけで楽しめて、コピーや文章や企画を考えるときには、いつも手元に置いておきたくなるような、そんな一冊をイメージしました。

　「誰に・何を伝えたいか」がはっきりしている人は、PART2から読んでもらえばOK。「伝えたいことがいっぱいあって絞れない」という人は、PART1から読んでみてください。
　本書で、あなたが、心に刺さるキャッチコピーや魅力的な文章を作れるようになることを心より願っております。その結果、あなたのお店・ビジネスが売上アップを達成しながらお客様に一生愛される。その一助となれば、これほどうれしいことはありません。

　　　2017年5月　　　　　　　　　　　　　　　さわらぎ 寛子

キャッチコピー
の教科書

CONTENTS

PROLOGUE
キャッチコピーを変えれば売上が大きく上がる！

集客率・売上アップはキャッチコピー次第！ ……… 014
たった1行なのに、「買う・買わない」に影響を与える

「買わせる」のではなく、「買いたくなる」コピー ……… 016
ファンになってもらって、一生涯のお客様に

商品の特徴を書くだけでは売れない ……… 018
心をつかむキャッチコピーで、振り向いてもらう

売れるキャッチコピーは誰でも作れる！ ……… 020
まずは型に当てはめて、たくさん書いてみよう

PART 1 まずは知っておきたい「キャッチコピーの基本」

01 売れるコピーは、「ターゲット」が明確 ……024
大事なのは、「商品説明」よりも「お客様」

02 「読んでもらえる」キャッチコピーを作る ……026
キャッチコピーは思っているよりも読んでもらえない

03 「商品」を知り尽くすことが、最初のステップ ……028
「当たり前」だと思うことにこそ、強みがある

04 1人に刺さる言葉が、100万人を動かす ……030
たった1人に向けて、ラブレターを書こう

05 ターゲットを絞り込む「3つの方法」 ……032
属性・価値観・悩みの3つでターゲット分析ができる

06 お客様の「悩み」と「欲望」に応える ……034
お客様は商品の「機能」より「効果」が欲しい

07 「悩みレベル」に合わせてコピーを書く ……036
「悩み始めている」「迷っている」人を狙おう

08 「お客様に合う商品」だと伝える ……038
メリット(効果)とベネフィット(精神的満足)を見つける

09 言いたいことは「1つ」に絞る ……040
2つ以上のことは、覚えてもらえない

10 「同じジャンル」だけがライバルではない ……042
テレビドラマが居酒屋のライバルになる!?

11 お客様が「イメージ」しやすい言葉を使う ……044
抽象的な言葉よりも、具体的な言葉

12 「認知度の違い」で、響く言葉は変わる ……046
「知ってほしい」と「買ってほしい」でコピーを変えよう

13 「男性」と「女性」で、刺さる言葉は違う ……048
ミスマッチを防ぐために

14 キャッチコピーですべてを言わなくても良い ……050
振り向いてもらうためのきっかけ作り

★COLUMN 1　売り場や新企画、新商品が見えてくる！

PART 2 思わず買いたくなる！「購買意欲を高めるコピー」

15 「ビフォーアフター」で購入後を想像させる……054
それを使うとどんな変化が起こるか

16 「なぜ必要か？」を伝える……056
認知度が低いときに有効な手法

17 「ベネフィット」を提供する……058
「あこがれ」を見せることで、「欲しい！」に火がつく

18 「私のことだ」と思ってもらう……060
人は自分に関係あることが気になる

19 「数字」で信頼度を上げる……062
「今、売れてます」→「3秒に1人が買っている」

20 「お客様の言葉」で宣言する……064
コピーに共感し、商品に親近感を持ってもらえる

21 「今のままだと、もったいない」と伝える……066
ソンしたくない気持ちを刺激できる

22 お客様も気づいていない「メリット」を伝える……068
ぼんやりした願望が「欲しい」に変わる

23 「意味や理由」をつけて、価値を高める……070
お客様に「買わなきゃいけない！」と思ってもらう

24 「ハードル」を下げる……072
人はラクなほうに流されやすい生き物

25 「言い訳」を作ってあげる……074
お客様は背中を押してほしい

26 商品・サービスができるまでの「背景」を語る……076
「背景」を知れば、商品が好きになる

27 商品に隠された「ミッション」を伝える……078
想いに共感して、商品が欲しくなる

28 「ドキッとする」質問を投げかける……080
人は質問されると、立ち止まって考える

★COLUMN2　ターゲットの「本当の気持ち」を知っていますか？

PART 3 お客様の背中を押す「欲望を刺激するコピー」

29 「価値」を「見える化」する……084
お客様の欲望にダイレクトに刺さる

30 「世間の通説」と逆のことを言う……086
当たり前のことを言うだけでは、スルーされる

31 「選ぶ基準」を作ってあげる……088
お客様に迷わせない

32 「今」買わないと、ソンだと思わせる……090
「今」買わないお客様は、「あと」でも買わない

33 「想定外」の使い方を提示する……092
1行で新たなブームを生み出すことができる

34 あえて「欠点をアピール」する……094
本音のコミュニケーションが距離を縮める

35 「連想ゲーム」でお客様の目を引く……096
「知っている言葉」×「知っている言葉」＝「新しい言葉」

36 「欲望」を満たしてあげる……098
男女の本能を刺激するコピーを作る

37 「プライド」をくすぐる……100
これを持っている自分って、イケテル

38 「オトク感」を演出する……102
「価値」－「価格」＝「オトク感」

39 「売れている」ことをアピールする……104
他人が買っているものは、自分も買いたくなる

40 「自分にもできそう」と思ってもらう……106
できない理由を取り除く

★COLUMN 3　楽しんで書くと、良いコピーが生まれる！

PART 4 クチコミでファンが増える！「コピーの見せ方」

41 「つぶやき」をそのままコピーにする ……… 110
リアルな言葉には説得力がある

42 語尾をそろえて「韻を踏む」……… 112
〝気づいたら口ずさんでいた〟コピーが作れる

43 句読点で区切り、文字数をそろえる ……… 114
見た目で強く印象を植えつける

44 「有名なフレーズ」の力を借りる ……… 116
ことわざ、歌などのフレーズに当てはめるだけ

45 「同音異義語」で意味を重ねる ……… 118
話題を意図的に作るしかけ

46 「オリジナル」の言葉を作る ……… 120
モノや気分、ターゲットに名前を付けてみる

47 「たとえ」でイメージさせる ……… 122
お客様が興味を持っているものでたとえる

48 言葉を「3つ」並べてたたみかける ……… 124
覚えやすさ、リズム感が一気に上がる

49 「対句」でリズミカルに際立たせる ……… 126
お客様の記憶に残りやすい

50 「否定形」で印象アップ！ ……… 128
強い言葉を生み出すために、あえて否定する

51 「倒置法」でキーワードを強調する ……… 130
いちばん伝えたいことを確実に印象に残す

52 商品・サービスを「擬人化」する ……… 132
「感情移入」して、納得しやすくなる

53 言葉を「極端」にする ……… 134
これでお客様が無視できなくなる

★COLUMN 4　専門用語は、できるだけ使わない

PART 5 ずっと売れ続ける！「心に刺さるフレーズの作り方」

54 キャッチコピーが「1分で作れる公式」……138
どうしてもキャッチコピーが浮かばないときに

55 思わず注文したくなる「メニュー名」の付け方……140
メニュー名に「形容詞・食感・産地」を入れる

56 書籍タイトルには売れるヒントがいっぱい……142
キャッチコピーに迷ったら、本屋に行こう

57 雑誌の見出しは、使える言葉のオンパレード……144
ターゲットの目線で、雑誌の見出しを見てみよう！

58 「キャッチコピー脳」になる基礎トレ……146
コピーがどんどんあふれ出る

59 「言葉の引き出し」を増やす方法……148
言葉・アイデアを自分の中に増やしておこう

60 誰でも作れる「売れるネーミング」の基本……150
ネーミングは、いちばん身近なキャッチコピー

61 「書き出し」のテッパン5パターン……152
ターゲットやメリットと同じくらい重要な「1行目」

62 今すぐ使える「売れるフレーズ集」①……154
商品・サービスが「悩み」を解決することを伝える

63 今すぐ使える「売れるフレーズ集」②……156
この商品・サービスがあればもっと○○になれる

64 今すぐ使える「売れるフレーズ集」③……158
いちばん買ってほしい人にダイレクトに訴えかける

65 今すぐ使える「売れるフレーズ集」④……160
流行を追いたい人に効くキャッチコピー

★COLUMN 5　具体的なシーンが浮かぶように書く

装丁・本文デザイン　石村紗貴子
図版制作　岩瀬のりひろ

PROLOGUE

キャッチコピーを変えれば 売上が大きく上がる!

同じ商品・サービスなのに、コピー1つで魅力が引き出されます。
あなたが作ったキャッチコピーで売上がアップする!
これがキャッチコピー最大の醍醐味です。

1 集客率・売上アップはキャッチコピー次第！

たった1行なのに、「買う・買わない」に影響を与える

キャッチコピーのゴールは、行動してもらうこと

　キャッチコピーは、売上を上げるためにあります。どんなに美しい言葉も、感動的なコピーも、商品やサービスが売れなければ意味がありません。キャッチコピーの役割は、ヒトコト（や短い文章）で、「あ、これが欲しい」と思わせること。

　そして、実際にクリックしたり、手に取ったりという「行動」をしてもらうことにあります。

キャッチコピーを変えただけで、問い合わせが急増

　たとえば、ある親子料理教室の話です。ブログやホームページ、チラシなどで集客をしてもなかなか入会に結びつかない。なぜなら、ほかの料理教室との違いが明確に伝わっていなかったからです。

　その教室では、子どもたちに料理を通して、計算・段取り・味覚など、料理のテクニック以上のものを身につけてもらいたい、自己肯定感を高めてほしいという想いでレッスンをしていました。

　そこで作ったキャッチコピーが、〔私たちが教えたいのは、お料理ではありません。〕です。料理教室なのに料理じゃない？　どういう意味？　と興味を持つ人が増え、問い合わせが急増しました。このコピーに込めた想いを読んで泣いたというお母さんもいたそうです。

　このように、たった1行のキャッチコピーを作るだけで、集客率・売上が上がるだけでなく、このコピーに共感してくれたお客様（ファン）が増えます。その結果、一過性ではない「継続して愛されるビジネス」を作ることができるのです。

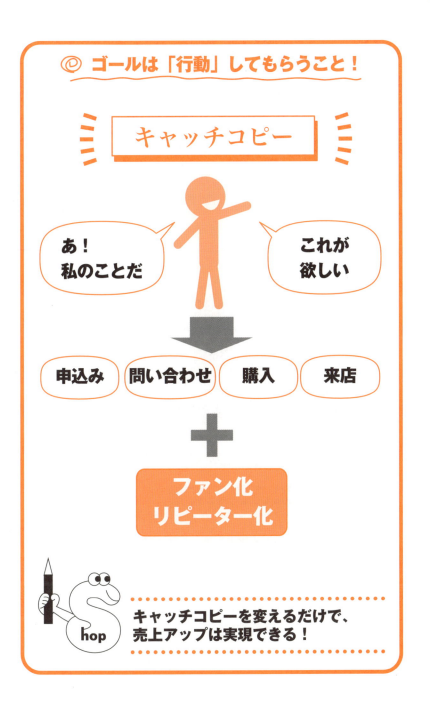

PROLOGUE キャッチコピーを変えれば売上が大きく上がる！ 015

2 「買わせる」のではなく、「買いたくなる」コピー

ファンになってもらって、一生涯のお客様に

「うまく言って買わせる」時代は終わった

　キャッチコピーというと、うまく言って買わせるためのもの、というイメージがあるかもしれません。しかし、SNSが発達した今、商品やサービスは「買って終わり」ではなく、シェアされたり、良いことも悪いこともクチコミとしてアップされたりします。

　世の中には、人の心理をうまく操作して買わせるためのテクニックがあふれています。しかし、小手先のテクニックで買わせても、その商品やサービス自体が良くなければ、お客様は二度とあなたの商品やサービスを買ってはくれないでしょう。1人のお客様をガッカリさせたことが、その周りの見込み客の損失にもつながります。

　キャッチコピーは商品やサービスを「大きく見せるもの」ではなく、商品の中にある魅力を引き出し、伝えるためのものです。ウソや大げさに表現したコピーは逆効果になるだけです。

興味がなければ一瞬でスルーされる

　スマホやパソコンで、街の中で、私たちは毎日あふれるほどの情報に接しています。その中で情報を読んでもらうには、一瞬で心を射抜くキャッチコピーが必要です。キャッチコピーで「気になる」「いいな」と思ってもらわなければ、スルーされて終わりです。

　お客様が知りたいのは、「自分にとってどう良いか」です。商品やサービスの特徴を説明しても売れません。お客様が知りたいことを、お客様が興味を持つ言葉で伝える。

　それが、「売れるキャッチコピー」の基本です。

3 商品の特徴を書くだけでは売れない

心をつかむキャッチコピーで、振り向いてもらう

人は商品ではなく、その先の「幸せ」を買う

　家電メーカーの広告を担当したとき、新発売の洗濯機の雑誌広告を作りました。メーカーの担当者は、洗浄機能がいかに向上したかを熱く語りますが、どれだけすごい機能も、見た人が「これ、自分に関係ある」「私が欲しかったのはこれだ」と思ってくれなければ意味がありません。「業界初！ ○○機能搭載」「○○が約半分の大きさに」と言われても、それが自分に関係あるとは思えないのです。

　自分の商品やサービスのキャッチコピーを書くときも、つい「ここがすごい」「ここにこだわっている」と語りたくなりますが、単に商品のすごいところを並べただけでは、人は振り向いてくれません。「その商品やサービスを使ったら、自分にどんな良いことがあるのか」。それが知りたいのです。

自己満足な「お知らせ」になっていないか？

　「iPhone7、○月○日発売。」とあれば、それだけでニュースになります。それは商品自体が話題だから。一般人がマネするのは危険です。

　だけど、世の中には、「○○新発売！」「○○開催のお知らせ」「○月レッスンの予定」とでかでかと書かれたチラシやPOPがあふれています。ブログやメルマガのタイトルにも、このような言葉が使われがちです。

　商品自体に何も語らなくても売れる魅力があれば別ですが、そうでなければスルーされて終わりです。

　その前に1行、心をつかむキャッチコピーを入れましょう。

4 売れるキャッチコピーは誰でも作れる！

まずは型に当てはめて、たくさん書いてみよう

売れるキャッチコピーには、「型」がある

　キャッチコピーには、定番の型がいくつかあります。CMやポスター、DM、メルマガなどで見るコピーも、この「型（パターン）」に沿って作られていることが多いのです。

　商品やターゲットをよく知ったうえで、この型に当てはめていくと、誰でも売上を上げるコピーを作ることができます。

　初めからうまく書こう、面白いコピーを作ろうと力まず、まずは型に当てはめながら、思いつくままに書いてみましょう。書き出しているうちに、自分でもびっくりするような良いコピーが書けることがよくあります。また自分が良いと思うコピーと、ほかの人が良いと思うコピーが違うこともよくあります。書いたものは、ぜひ人に見せて客観的な意見を聞いてみましょう。

あらゆるビジネスが、言葉１つで大きく変わる

　キャッチコピーは、ビジネスのあらゆるシーンで活用できます。

　たとえばプレゼン。プレゼン資料のタイトルが、「新商品販売企画のご提案」だけか、「この夏、30代独身女性が夢中になる！ 新商品販売企画のご提案」。どちらが読みたくなるでしょうか？

　お客様に商品を案内するときも、キャッチコピーがあれば、長々と説明しなくても、ヒトコトで興味を持ってもらうことができます。

　今まで、何時間もかけて案内文を書いたり、飛び込みで営業に回ったりしていたことが、たった１行のキャッチコピーで解決できるかもしれないのです。

PART 1
まずは知っておきたい「キャッチコピーの基本」

どんなに商品が良くてもお客様の心をつかまなければ売れません。
お客様の心をつかむキャッチコピーに欠かせない
最低限の基本をおさえていきましょう。

01 ➡ ➡ ➡ 14

01 売れるコピーは、「ターゲット」が明確

大事なのは、「商品説明」よりも「お客様」

「商品をヒトコトで説明」するだけでは売れない

あなたは、キャッチコピーというと、「商品をヒトコトで説明する言葉」だと思っていませんか？ 実はそれだけではないのです。

ずばり、商品をヒトコトで説明するだけでは、売れません。

キャッチコピーとは、全く知らない人を一瞬で振り向かせるための言葉。街で初めて会った人に、いきなり「この商品は○○が優れています！」と説明して売れるでしょうか？ 売れませんよね。

でもそんな失敗をしてしまう人が多いのです。

売れるコピーを作るには、まずは視点を変えること。「自分視点」ではなく「お客様視点」で商品を伝えるのです。

自分が言いたいことを言うのではなく、「お客様が言ってほしいこと」を言う。それがキャッチコピーの原則です。

今の時代に共通する「言葉にできない思い」を見つける

もう1つ大切なのが「今の世の中の気分」です。景気や就職率、流行……、今の時代を生きる人たちは何を求めているのか、どんなことを考えているのかを察知することも大切です。

たとえば、「エコ」「ロハス」という言葉は10年前には新鮮だったけど、今ならフツーすぎて刺さらないでしょう。

〔モノより思い出。〕という日産セレナのコピーは、モノの所有欲から「コト」（経験や体験）へと世の中の価値観が移行する時代にぴったり合ったからこそ、ヒットしたのです。「今の時代にみんなが感じていること」を見つけることも、売れるコピー作りには必要です。

02 「読んでもらえる」キャッチコピーを作る

キャッチコピーは思っているよりも読んでもらえない

良いコピーはひと目で気になる

　キャッチコピーを考えていると、つい、みんながそのコピーを読んでくれるのが当たり前だと思いがちです。しかし、人はそもそもチラシもブログも広告も、そんなに真剣に読んでいません。大半はボケーっと読み流しています。どんなに時間をかけて考えたコピーも、悲しいことに、一瞬見て興味がなければスルーされて終わりです。

　人はじっくり読まない。だからこそ、キャッチコピーは「ひと目でお客様の心をつかむもの」であるべきです。要素を詰め込みすぎず、伝えるべき大切なことを1つに絞ると良いコピーになります。

コピーは100％信用されているわけではない

　そして、もう1つ注意すべきは、広告やチラシ、ネットショップ、メルマガなどを見るとき、人は「本当だろうか」と疑っているということ。特にインターネット上の情報は、信憑性に欠ける怪しいものもたくさんあります。そこまで言い切っていいの？　証拠があるの？　と突っ込みたくなる情報があふれています。だから、みんなどこかで疑いながら情報を見ているのです。

　そんな中でキャッチコピーを相手の心に届けるには、どうしたら良いのでしょうか？
　「大切なのは100円のものを1000円に見せようとしない」という意識です。商品を現実よりも良く見せるのではなく、「商品の中にすでにある価値」を見つけて、それをターゲットに刺さる言葉で表現すること。ウソを書かない。これが、売れるキャッチコピーの基本です。

◎「ひと目」で心をつかむ！

読みたいコピーはどっち？

ダラダラした説明文だと……

自家製のこだわり麺が特徴で、
国産小麦だけを使用して……
スープのコクが……
カロリー2分の1で
アジア風の味……

興味ないなぁ

**一瞬で心をつかむ
キャッチコピーがあれば**

23時からの美人ラーメン

これ、欲しい！

「今すぐ欲しい！」と思ってもらえることを、ヒトコトで伝えよう！

03 「商品」を知り尽くすことが、最初のステップ

「当たり前」だと思うことにこそ、強みがある

キャッチコピーの第一歩は商品分析から

　キャッチコピーは商品ありき。商品を知り尽くすことでしか、良いコピーは生まれません。商品を深く理解しないまま、いきなりコピーを書くと競合他社との違いがない、ありきたりなコピーになってしまいます。それではお客様に「これが欲しい」と思ってもらうことは不可能です。

　まずは、商品の特徴を右ページのように書き出してみましょう。

6W2Hのチェックポイント

　お客様が知りたい情報を整理するためには、次のような6W2Hのチェックポイントを使います。

① 「What（何を）」商品の特徴
② 「Why（なぜ）」意義、背景（なぜその商品を作ろうと思ったのか、既存客はなぜその商品を選ぶのか）
③ 「Who（誰が）」作っている人、サービスをする人はどんな人？
④ 「Whom（誰に）」対象のお客様はどんな人？
⑤ 「When（いつ）」時間、季節、頻度
⑥ 「Where（どこで）」場所
⑦ 「How（どのように）」手段・方法
⑧ 「How much（いくら）」価格

　ポイントは、どんなに細かいこともすべて書き出すこと。特に自社商品の場合、自分では当たり前だと思っていることにこそ、お客様を引きつけるポイントがあることも多いのです。

お客様が知りたい情報を整理！

例：「おふくろの味」がウリの居酒屋の場合

① What（何を）
- 手作り、手書きメニュー
- メニュー数は100種類以上
- 昼と夜の日替わり定食
- ご飯と漬物、味噌汁のおかわり自由
  ……など

② Why（なぜ）
- 栄養価の高いメニューが豊富
- 自分で健康管理をしなくていい
- 「おふくろの味」で心が満たされる
- 心と体の二面から元気になる

③ Who（誰が）
- 従業員は全員母親
- 名札に下の名前と出身地を記載

④ Whom（誰に）
- 1人暮らしのビジネスマン
- 20～30代

⑤ When（いつ）
- ランチと夕食時、季節は問わない
- 週に4～5回通いたくなる店

⑥ Where（どこで）
- 主要都市のビジネス街

⑦ How（どのように）
- セルフサービス
- 大皿にその日のおすすめおかずが並んでいる

⑧ How much（いくら）
- 一品200円～、定食850円

「6W2H」で分析すれば、商品のアピールポイントが見えてくる！

PART1　まずは知っておきたい「キャッチコピーの基本」　029

04 1人に刺さる言葉が、100万人を動かす

たった1人に向けて、ラブレターを書こう

ターゲットは絞り込めば込むほど、売れる

　キャッチコピーは、読み手に「これ私のこと！」と思ってもらうことが大切。そのためには書き手がターゲットをしっかりと絞っておくことが必要です。商品のターゲットというのは、皆さんも考えたことがあると思いますが、キャッチコピーを書く場合は、もっと究極まで絞ります。「たった1人」にまで絞って、その人に向けて書きます。「ターゲットを絞ると、見込み客が減るのでは？」という方もご安心を。たった1人に向けて書いた言葉は、その周りにいる100人、1万人、100万人を動かします。男性も女性も、20代も50代も買ってほしいという思いで書いたコピーは誰の心にも届きません。

「たった1人」は、実在の人物 or 過去の自分

　では、その「たった1人」はどうやって決めるのでしょうか。マーケティングでは「ペルソナ」と言って、架空の理想の顧客像を描くことがありますが、キャッチコピーを書く際は、架空の人物よりも実在の人物を1人決めることがおすすめです。架空の人物だと、自分の都合の良いように想像してしまうことがあるからです。または、自分自身がその商品やサービスによって悩みを解消した・変われたという場合は、過去の自分をターゲットにしても良いでしょう。

　その人物について、特徴を書き出し、1日の行動や、どんな口癖があるか、どんなメディアやツールを使っているかも考えてみましょう。ターゲットの特徴を理解すれば、どんなメディアを使ってどんな言葉で訴えかければ心に響くかが見えてきます。

一番買ってほしい人は誰？

プロフィールを作ろう！

年齢	…………………	32歳
性別	…………………	女性
居住地	…………………	東京都八王子市
職業	…………………	銀行で営業が得意
年収	…………………	620万円
趣味	…………………	海外旅行
家族構成	…………………	一人暮らし
性格	…………………	アウトドアの遊びが好き
朝起きてすること	………	朝日を浴びて一杯の水を飲む
好きなテレビ番組	………	アメトーーク！
好きな雑誌	…………………	an・an
好きな芸能人	……………	石原さとみ
携帯の機種	…………………	iPhone7

具体的な1人の人をイメージして、どんな言葉が響くか考えてみよう！

05 ターゲットを絞り込む「3つの方法」

属性・価値観・悩みの3つでターゲット分析ができる

年齢・性別・職業……だけでは見えてこないもの

　前のページでターゲットのプロフィールを書き出してもらいましたが、実はターゲット設定には、ほかにも2つの方法があります。

　前のページで解説したのが、年齢、性別、職業、趣味などの「属性」で分類する方法です。それ以外に、

◎価値観やライフスタイルで分類する方法
◎悩み別で分類する方法

もあります。商品・サービスの特徴によって、こちらも試してみる価値ありです。

商品によってターゲットの決め方も異なる

　たとえば、「健康的」で「1人でも入りやすい」お店のランチ。当初は、30〜40代男性がターゲットと想定していましたが、実際は学生、OL、主婦など年齢・性別・職業を問わない人に人気が出ました。

　年代や性別よりも、「健康的な生活がしたい、忙しくて時間がない」という価値観（何を大切にしているか）やライフスタイルを重視してターゲットを絞ったほうが良い例です。

　また、たとえば二日酔い予防に飲まれる「ウコンドリンク」などは、「いつも飲みすぎてしまう」「飲み会の翌日がつらい」などの悩みを解決するためのもの。

　年齢や職業よりも、ターゲットが「どんな悩みを持っているか」が重要になります。「すぐ」悩みを解決するため、お客様になってもらいやすいです。

ターゲットの分類方法

1. 属性分類法

年齢、性別、職業、趣味……などで区切る方法
特徴：ターゲットの心にいちばん突き刺さる！

例 （美容液）38歳女性、肌のくすみが気になる
例 （朝食メニュー）丸の内で働く32歳のダイエット中のOL
例 （育毛剤）45歳の男性、仕事が忙しくストレスが溜まっている

2. 価値観（ライフスタイル）分類法

求めているものをイメージさせる方法
特徴：お客様に長く利用してもらえる！

例 （ドッグレストラン）おいしいものを犬連れで食べたい人
例 （ネットスーパー）仕事と子育てに忙しく時間がない母親
例 （高齢者向けパソコン教室）自分のペースでゆっくりとパソコンを学んで楽しみを広げたい高齢者

3. 悩み別分類法

普段から抱えている悩みを解決する方法
特徴：すぐに買ってもらいやすい！

例 （定食カフェ）1人ランチが苦手、よくあるカフェのメニューよりも定食風の栄養バランスのあるものが食べたい
例 （婚活イベント）気づいたら職場と自宅の往復だけで出会いがない
例 （ビジネスマッチングサイト）育児や介護で、働く時間が取れないが、少しの時間で稼ぎたい

商品・サービスに合わせてターゲットを絞り込もう！

PART1 まずは知っておきたい「キャッチコピーの基本」

お客様の「悩み」と「欲望」に応える

お客様は商品の「機能」より「効果」が欲しい

人は「悩みを解決するもの」か「欲望を満たすもの」が欲しい

お客様は、商品の機能を買いたいのではなく、その商品の効果が欲しいのです。効果とは、「悩みを解決してくれる」か、「自分の欲望や欲求を満たしてくれる」のどちらかです。

その商品が自分の不満を解消し、欲望を満たしてくれることがわかれば、お客様は「欲しい！」と感情を動かします。

現実と理想のギャップ＝ニーズ

人は誰でも、「現状の自分」と「理想の自分」との間にギャップがあります。その現実と理想とのギャップ＝ニーズです。

ターゲットが今どんなことに悩み、どんな理想を持っているかを書き出してみることで、ターゲットのニーズが見えてきます。

お客様自身が気づいていない欲求（隠れニーズ）もある

「寒いから温かいものが飲みたい」「女性はダイエットとスイーツが好き」「自分に似合う服が欲しい」……これらは、誰でも知っているニーズです。

「ドリルを買う人が欲しいのは穴」「電卓を買う人が欲しいのは計算結果」……これらは、売れている商品自体がニーズではない「隠れニーズ」です。まだ世の中には、出てきていないけれど、言われてみると「わかる」「そう言われれば！」「あるといいな」と思うものがあふれています。それを見つけ出すことができれば、驚きと共感を呼ぶキャッチコピーになるのです。

◎ 理想の自分になれる方法をコピーに！

不安、悩み、モヤモヤ

もっときれいになりたい
睡眠不足
自分の時間がない
3か月後の同窓会までにやせたい
運動をやってもいつも続かない

ギャップ

理想の自分の姿

年齢より若く見える
充分な睡眠時間
時間と気持ちにいつも余裕がある
自慢できるプロポーション
ダイエット後、リバウンドなし

つまりニーズとは、今の自分と理想の自分のギャップを埋めるもの

あなたの商品・サービスがこのギャップを埋めることができれば商品は売れる！

商品の「ギャップを埋める理由」をお客様に気づいてもらおう！

PART1　まずは知っておきたい「キャッチコピーの基本」　035

07 「悩みレベル」に合わせてコピーを書く

「悩み始めている」「迷っている」人を狙おう

悩みのレベルを知ることが、刺さるキャッチコピーのカギ

ターゲットの悩みが見つかったところで、もう1つ大事なのが「悩みのレベル」です。

どれぐらいそのことについて悩んでいるかによって、どんなキャッチコピーが「刺さる」かが変わってきます。

悩みのレベルは4段階

アメリカのダイレクト・レスポンス・コピーライターであるマイケル・フォーティンは、お客様の問題意識を4段階に分けて考える方法を提唱しています。

たとえばダイエットサプリを売るときに、自分が太っていると思っていない人（レベル1）に売るのはむずかしいでしょう。

平均体重よりはるかに重いけれど、気にしていない人（レベル2）には「今のままで大丈夫？」「見た目よりも健康が心配です」などの「気づき」を与えるコピーが効果的です。

「最近ベルトがきつくなった」「去年の服が入らない」と悩み始めていたり、「ラクなダイエット法を知りたい」「ダイエットサプリっていろいろあって選べない」と迷っている人（レベル3）がいちばん狙うべきターゲットです。やせるメリットを伝えたり、ほかのダイエット法や他社のサプリとの違いを伝えるコピーによって、心が動く可能性大です。

「とにかく今すぐ解決したい！」人（レベル4）には、「今、これを買わなきゃ！」と思わせる後押しコピーが有効です。

悩みのレベルは4段階！

レベル1　悩みに気づいていない
例：自分が肥満だとは思っていない
←狙うのは難易度が高い！

レベル2　悩みを気にしていない
例：太っていてもいいと思っている
←意識を変えるのもひと苦労！

レベル3　悩み始め、解決策を迷っている
例：最近服がきつくなってきた
　　ダイエット食品っていっぱいあって迷う
←狙っていくべきお客様！

レベル4　今すぐ解決したい！
例：とにかく何でもいいからすぐやせたい！
←キャッチコピーがなくても買ってもらえる

悩みに気づいて「どうにかしようとしている人」に向けたコピーを！

PART1　まずは知っておきたい「キャッチコピーの基本」　037

「お客様に合う商品」だと伝える

メリット（効果）とベネフィット（精神的満足）を見つける

▌これを買うと自分にどう良いかが知りたい

　多くの人が知りたいのは、商品の機能よりも、それが自分にとってどう良いかです。

　たとえば、パソコンを買いに行ったときに、「拡張性が……」「CPUが……」「メモリが……」と言われてもピンときませんが（専門知識が豊富な方は別として）、「主に何に使われますか？」「動画編集をするならこれが便利です」というように、自分の用途に合わせてどれが最適かを言われると選びやすくなります。

　そのパソコンを使っている自分のイメージが、頭に思い浮かぶというのがポイントです。

▌その先にどんな変化や体験があるか

　商品を使う効果（メリット）だけでなく、その先にあるベネフィット（精神的満足）を描くと、お客様のイメージはさらに広がります。

　パソコンの例でいうと、「結婚式や運動会などの動画が自分で編集できて、家族や友人にビックリされるかも」「プレゼンの注目度が一気に上がります」などがベネフィットです。

　商品の特徴を、「お客様にとってどう良いか」という視点に変えて、メリットとベネフィットを具体的に考えてみましょう。

　メリットやベネフィットを書くときは「うれしい、楽しい、満足、笑顔になる」などの抽象的な言葉ではなく、それを使っているときや使った後の幸せな姿がリアルに思い浮かぶように「シーン」を描いてみると良いでしょう。

読み手の身近な話題に転換する！

商品の説明
光学手振れ補正で、手持ちでもぶれないデジタルカメラです。

よくわからない……

↓

お客様にとってどう良いか
100メートル先でダンスしている子どもの笑顔がきれいに撮れますよ。

なるほど！

↓

どのように生活（人生）が良くなるか
表情まできれいに撮れた映像は、何度でも見返したくなりますね。10年後、20年後も、家族で楽しめますよ。

欲しい！

イメージが頭に浮かぶような「リアル」な言葉をコピーにしよう！

PART1　まずは知っておきたい「キャッチコピーの基本」　039

09 言いたいことは「1つ」に絞る

2つ以上のことは、覚えてもらえない

あれもこれも……では、ダラダラ長くなるだけ

「商品の強みは何ですか？」

そう言われてパッと答えられる人は多くありません。「この商品の特徴は……」と、いくつもの特徴を並べる人が多いのです。

自社独自の強みを見つける第一歩は、競合のリサーチです。

「競合商品にはないウリはどこか？」

「競合商品よりも優れているところは？」

競合と比べることで、商品の特長(ウリ)が浮き彫りになってきます。

方程式を使えば、コンセプトが見えてくる！

繰り返しになりますが、キャッチコピーとは、全く知らない人の心を一瞬でつかむものです。そして、そもそも読まれないもの。だからこそ、短い言葉でターゲットの心に届く表現にする必要があります。

そのためには1つのキャッチコピーで伝えることは1つ。あれもこれも詰め込んではいけません。

いちばん言いたいことを「コンセプト」と呼びます。コンセプトとは、表現の核になるもの。

コンセプトは、【「ターゲット」が「ベネフィット」になる「商品名」】という方程式で作れます。

たとえば、【残業続きのビジネスマン(ターゲット)が自分の時間を楽しめるようになる仕事術(商品名)】、【下腹が気になる40代男性(ターゲット)がスタイルよく見える(ベネフィット)スーツ(商品名)】というように。コンセプトが決まれば、あとは表現に落とし込んでいくだけです。

いちばん言いたいこと＝コンセプト

コンセプトを作る方程式

コンセプト＝
ターゲット ＋ ベネフィット ＋ 商品

例： 残業続きのビジネスマンが自分の時間を楽しめるようになる仕事術

例： 大人の独身女性がもっと自由に1人旅を楽しめる旅行サイト

例： 忙しいママが帰宅後10分で作れるレシピサイト

強みが1つに絞れないときは、この方程式を使えば一発！

10 「同じジャンル」だけがライバルではない

テレビドラマが居酒屋のライバルになる!?

▶ ライバルは、同業他社とは限らない

　自分の強みを知るために、競合相手ができないこと、競合相手よりも優れていることを見つけましょうと言いました。
　では、あなたの競合（ライバル）は誰でしょう？
　ライバルは、競合他社とは限りません。たとえば、30代独身女性向けの居酒屋があったとします。その店のライバルは、ほかの居酒屋ではありません。

▶ ターゲットが今まで、何にお金と時間を使っていたか？

　本当のライバルは、ターゲットである30代独身女性が今まで、その時間やお金をどこに使っていたかを考えると見えてきます。
　たとえば残業、彼氏とのデート、女子会、会社帰りのショッピング、ヨガやスポーツジム、スターバックス、夜9時からのドラマ……など、いろいろ考えられますね。
　何を求めてその居酒屋に来るのか、どんな悩みを解消し、どんな欲望（欲求）をかなえたいのか。そんな風にターゲットの気持ちがわかると、本当のライバルが見えてくるのです。

▶ ライバルが言えないことをコピーにする

　ライバルが見えると、そのライバルには言えないことがわかり、それが自分の強みになります。居酒屋の場合、ライバルの夜ドラマよりも、リアルに会って仲良くなれる仲間ができる……などです。

◎ ライバルがわかれば、強みが見えてくる！

- 今まで、そこに行く代わりに、「何」にお金と時間を使っていたか。
- 今まで、お客様は「どこ」で悩みを解消し、欲望を満たしていたか

占い

夜ドラマ

残業

スターバックス

デパ地下

❗ ターゲットを30代独身女性に限定しても居酒屋のライバル行動がこんなにいっぱい！

強みを使って、「悩み」を解消し、「欲望」を満たそう！

PART1　まずは知っておきたい「キャッチコピーの基本」　043

11 お客様が「イメージ」しやすい言葉を使う

抽象的な言葉よりも、具体的な言葉

なんとなく書かず、より具体的に

キャッチコピーを書くとき、つい漠然とした言葉を書きがちです。
たとえば、ラーメン屋のコピーなら「ほかにはない味」「店主こだわりの手打ち麺」「厳選素材を使った究極のスープ」などです。それでは、何も伝わりません。何が「ほかにはない」のか、どこが「こだわり」なのか、それらを具体的に書かなければ伝わらないのです。

専門用語や業界用語は使わない

一般的に知られていない専門用語やその業界の人たちだけがわかるような言葉も避けましょう。むずかしいマーケティング用語やビジネス用語は、見栄えは良いですが、相手の心には届きません。
基本は、中学生にわかる言葉で書くということです。
ただし、ターゲットが業界の人で共通言語としてその専門用語を使うほうが強い表現になると判断した場合には使っても良いでしょう。

「数字を入れると具体的になる」とは限らない

「具体的に書くには、数字を入れろ」とよく言われます。それは正しいのですが、数字には、具体的になる数字とならない数字があります。違いは、頭に絵が浮かぶか。パソコンのCPUが2.4GHzから3.0GHzになったとか、画素数が何倍になったとか、言われてもイメージできません。初代iPodのキャッチコピー〔1000曲をポケットに〕は、だれの頭にもイメージできますよね。
このような数字の使い方が「具体的に書く」ということです。

具体的にするとイメージしやすい

クイズ どっちのコピーがグッとくる？

Q1 60代男性をターゲットにした音楽教室

　　A　音楽で豊かな人生を
　　B　人生の放課後は、仲間とロックしたい

Q2 ビジネス街のラーメン屋

　　A　厳選素材にこだわった究極の一杯
　　B　今朝私が収穫した、卵と野菜がたっぷり

正解は、Q1：B　Q2：B

- 具体的
- ターゲットがはっきりしている
- メリット（それを買うとどうなるか）がわかる

漠然とした言葉よりも、「映像」がイメージできる言葉を使おう！

12 「認知度の違い」で、響く言葉は変わる

「知ってほしい」と「買ってほしい」でコピーを変えよう

そもそも、お客様は商品を知っているのだろうか？

　たとえば、その商品について全く知らない人に「無料です」「お得です」と言っても、ピンとこないし、買おうとは思わないでしょう。
　一方で、その商品やお店のことが以前から気になっていた人に対しては、商品名と価格を伝えるだけでも効果があります。
　商品をどのくらい理解しているかを認知度と言いますが、大手メーカーの場合は、"世間一般"に対する「商品認知度」のアップを目指す戦略を考えます。一方、お店やサロン、中小企業や個人事業主の場合は、あくまでも"自分の商圏"での、自分のターゲットに対する「商品認知度」でOKです。「シュークリームといえば〇〇（お店）」「ダイエット茶といえば〇〇だよね」「ネットで集客といえば〇〇さん」と言われるようになるのが、認知度を上げるということです。

キャッチコピーを見た人にどんな行動をしてほしい？

　商品認知度のレベルによって、伝えることが変わります。
　認知度が低い場合は、「商品について知ってほしい」、認知度が高い場合は、「今すぐ買ってほしい」というゴールを設定します。
　「とにかくもっと知ってほしい」「認知度を上げたい」という場合は、商品の名前をキャッチコピーに入れるのも良いでしょう。
　「今すぐ買ってほしい」という場合は、「今だけ」「あなただけ」というメッセージを含むのも効果的です。
　商品認知度に合わせて、そのコピーを読んでどんな気持ちになってほしいか、どんな行動を起こしてほしいかを考えてみましょう。

認知度のレベルでコピーを変える！

ターゲットの心の変化

- 常連客 …… 「良い商品だから知人に紹介したい」
- 購入者（顧客） …… 「また買いたい、来たい」
- 購入意欲がある …… 「いつか買おうかな」
- 商品に興味を持っている …… 「ちょっといいかも」
- なんとなく知っている …… 「聞いたことはあるけど……」
- 商品を知らない …… 「何それ？」

お客様の商品認知度を見極め、いちばん響く言葉をコピーに入れよう！

PART1　まずは知っておきたい「キャッチコピーの基本」

13 「男性」と「女性」で、刺さる言葉は違う

ミスマッチを防ぐために

男性には根拠（データ）を、女性には未来のイメージを

　男性脳・女性脳という言葉は皆さんも聞いたことがあると思います。男性と女性では、コミュニケーションにおいて重視するポイントが違うと言われています。一般的に、男性は、根拠やデータを重視し、問題を解決するのが自分の役割だと思う傾向にあり、女性は、感情を重視し、共感しあうことを大切にしている、と言われます。女性が男性に、「ちょっと聞いてよ」と仕事の話をしたときに、男性は、その悩みを「自分が解決しなければ！」と思い、女性は「ただ、聞いて、共感してくれればいい」と思っていることが多いようです。

　キャッチコピーでも、この男性脳・女性脳の考え方は使えます。

　男性には、「これを使えば、3か月で売上が3倍に」というようなデータを、女性には「これを使えば、愛されて、家庭も仕事もうまくいく」というようなイメージを伝えます。

男女の違いがわかれば、企画も通る

　私は、コピーライターになってすぐのころ、上司に「企画書は最終判断する人が男か女かによって内容を変えろ」と教わりました。

　最終決定者が男性の場合は、データや根拠を多くしました。グラフを多用し、市場調査の結果や、新聞記事などを入れ込みます。

　最終決定者が女性の場合は、イメージがわくように写真を多用し、イラストやお客様の声などを多めに入れました。もちろん、男女どちらも見ることが多いので、意識してどちらの要素も取り入れるのがベストです。

どちらの性別に買ってほしい？

＜男性に刺さる言葉＞

根拠／データ／論理的／権威／問題解決／目標達成／人と違うことに優越感／良いものは独占したい

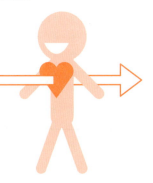

＜女性に刺さる言葉＞

イメージ（それを買った自分のイメージ）／感情的／ずっとキレイでいたい／愛されたい／ほめられたい／人と同じで安心／良いものは誰かに話したい

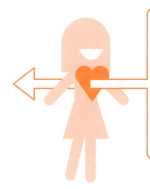

男性相手にはデータ、女性相手にはイメージを使おう！

PART1　まずは知っておきたい「キャッチコピーの基本」

14 キャッチコピーですべてを言わなくても良い

振り向いてもらうためのきっかけ作り

■ キャッチコピーは、ハッとさせるだけで良い

　キャッチコピーが長くなる、あれもこれも言いたい！　と悩んでしまっても、短くしましょう。長くて説明くさいコピーは読まれません。
　読んでもらえないコピーは、存在しないのと同じ。
　その先に、どんなに魅力的な文章があったとしても、スルーされて終わりです。
　キャッチコピーというのは、「一瞬で心をつかむ」ためのもの。
　キャッチコピーを見てくれた人に「気になる！」「続きを読んでみよう」と思ってもらえれば、それでOKです。

■ キャッチコピー＋受けコピーを作ればOK

　駅や電車の中に貼ってあるポスターを見てみると、キャッチコピー以外にも、コピーがあることに気づくでしょう。
　広告で使うコピーにはいろんな種類があります。
　チラシやウェブサイト、ポスターなどを作る際は、キャッチコピーですべてを言おうとせず、"受けコピー"で補足すればOKです。キャッチコピーはあくまでも最初に気を引くだけで問題ありません。
　商品の詳細を伝えたいときは、"ボディコピー"と呼ばれる「本文」で説明しましょう。
　ただし、キャッチコピーでハッと振り向かせられないと、受けコピーもボディコピー（本文）も読んでもらえません。
　何よりもまず、心をつかむキャッチコピーが大切なのです。ボディコピーを読んでもらえるようなキャッチコピーを作りましょう。

COLUMN
売り場や新企画、新商品が見えてくる!

語呂合わせや格好良さよりも大事なこと

　キャッチコピーを考えるときにまずすることは、次の3つです。
1. 商品・サービスの特長を洗い出す
2. ターゲットの悩みと理想を書き出す
3. 商品やサービスがターゲットにとってどう良いか（ベネフィット）を見つけ出す

　これらをしていくと、いろんなことが見えてきます。
　ターゲットの悩みがわかれば、それを解消するために何が必要か見えてくるでしょう。今ある商品・サービスでその悩みが解消できなくても「次はこんなサービスをしたらどうかな？」「こんな商品があればお客様に喜んでもらえる！」という新商品やサービスを考える際のヒントになります。
　また、ターゲットの1日を詳しく見ていくと、その人が、どんな方法で情報に接しているかがわかります。1日何時間スマホを見る？　通勤は電車か車か？　雑誌や新聞は読むか？　よく行くお店は？　などなど。どこで情報に接しているかがわかると、どこで広告や告知をすれば良いかも見えてきます。
　ターゲットが今興味のあることは何か？　どんな悩みや理想、欲望を持っているか？　それがわかれば、売り場も変わります。ターゲットの関心が高い商品を重点的に並べたり、ターゲットの季節ごとの悩みや関心に沿った売り場を展開していくことも可能です。
　ただし、単なる語呂合わせや、「それっぽいキャッチコピー」を作るだけでは、この効果はありません。きちんと商品とターゲットを掘り下げていく過程で、様々なアイデアが生まれてくるのです。

PART 2

思わず買いたくなる!
「購買意欲を高めるコピー」

同じ商品でも、キャッチコピーで売上がグンと伸ばせます。
大切なのは、商品の魅力を伝えて「買いたい!」と思ってもらうこと。
本PARTで、商品の魅力を伝えるキャッチコピーのテクニックを紹介します。

15 ▶ ▶ ▶ 28

15 「ビフォーアフター」で購入後を想像させる

それを使うとどんな変化が起こるか

商品を使う前と使った後の状態を端的に示す

　PART1でも解説したように、お客様が知りたいのは、「自分にとってどう良いか」がひと目でわかること。「ビフォーアフター」はその商品を使うことでどんな変化が起きるのか具体的に伝える方法です。

　ビフォーは、お客様の「不満」や「不安」、「悩み」の部分です。

　アフターは、商品やサービスがあることで生まれる「幸せな未来」を描きます。

　ここで1つチェックポイント。書いたキャッチコピーのアフターは、お客様が「こうなりたい」と願う「理想の姿」になっていますか？

　なっていない場合はターゲット設定が違うかもしれません。

　キャッチコピーを見たときに、「私もこんな風に変われるんだ！」「そうなれる方法を知りたい！」と思わせることができれば正解です。

イメージできるなら、ビフォーのみ、アフターのみでも可

　お客様の「不満」や「不安」、「悩み」の部分にフォーカスして、ビフォーだけ書いてアフターは想像させるという方法もあります。〔気がつけば、もう朝。なんて、あきらめていました。〕（味の素、グリナ）のように、「そんな悩み、私もある！」「これを使うと解決するのかな？」と思ってもらうことができればOKです。

　また、アフターだけをキャッチコピーにする方法であれば、〔鏡をみるのがきっと楽しみになる。〕（富士フイルム、アスタリフト）がお手本です。ビフォー、アフターの状態をどれだけ具体的に、イメージできるように書けるかが肝です。

理想の姿になった自分にワクワク！

惜しい！コピー
毛穴の開きが気になる人へ。

グッとくる！コピー
イチゴ毛穴が、ゆで卵肌に。

毛穴が開いたブツブツの「イチゴ毛穴」が、つるんと輝く「ゆで卵肌」に変わる。視覚的にもイメージしやすいビフォーアフターのコピーです。
「○○が□□に」「○○から□□へ」というのが典型的なパターンです。

お手本 コピー
付けた人から、におわない。
（TOTO 消太郎）

便器につけてニオイを取る脱臭器のキャッチコピー。アフターのみを表現したコピーの例です。トイレの際のニオイを……などの表現をせずに、使用後の結果だけをバシッと伝えています。

お客様が知りたいのは、商品の特徴よりも「自分がどう変わるか」

16 「なぜ必要か？」を伝える

認知度が低いときに有効な手法

なぜ、この商品が生まれたのか理由を書く

　商品認知度（→46ページ）が低い場合に有効なコピー手法です。「なぜ、この商品が生まれたのか？」「なぜ、この機能をプラスしようと思ったのか？」などを考えていくことで、商品を見ているだけでは見えてこなかった「お客様にとってどう良いか」が見えてきます。

　たとえば、〔ファッションは、姿勢からだと考える。〕というユニクロのスタイルアップインナー（姿勢をサポートする下着）のコピー。まだ、その商品の必要性に気づいていない見込み客に、「なるほど、そう言われればそうかも」と思ってもらえれば正解です。

お客様の声から探し出す

　既存客に、「なぜ、これを買おうと思ったのですか？」「なぜ、ここに来たいと思いましたか？」という質問をすることでも、商品の必要性は見えてきます。たとえば、〔いくら検索してもあのレシピは出てこない。母のチキンラーメン。〕というチキンラーメンのコピーが参考になります。店舗でも、セミナーやイベントでも、アンケートなどでお客様の声を集めて、「〜だから」「〜したかったから」などをキャッチコピーにしてみるのも1つの手です。

商品が必要なシーンを描く

　「商品が必要になるシーン」をコピーにする方法もあります。

　たとえば、〔責任の押しつけあいを未然に防ぎます。〕というシヤチハタのコピー。ハンコがなくて困るシーンが目に浮かびます。

「なぜ？」に答えるだけ！

お手本コピー

ひとり暮らしに足りないもの。
第一位は、野菜かもしれない。
（カゴメ 毎日飲む野菜）

野菜が不足しがちなひとり暮らしの人に向けたコピーです。「野菜をとらなければいけない」という必要性が「野菜ジュース」で野菜をとることができるという気づきを与えてくれます。

どっちのコピーがグッとくる？

Q A ショッピング同行で、
あなたに似合うファッションをご提案。

B 店員さんの「似合いますよ」はアテにならないから。

正解はB
一緒にショッピングをして、いちばん似合う服を選んでくれるというショッピング同行サービス。Aのように、特徴をそのまま伝えるよりも、Bのように、「なぜ必要か」を伝えたほうが、「私に必要だ！」とハッとするコピーになります。

「なぜ必要か？」に
気づいてもらえるコピーを！

17 「ベネフィット」を提供する

「あこがれ」を見せることで、「欲しい！」に火がつく

■ その商品やサービスがあると、どんな生活になる？

　お客様がその商品・サービスを手にすることで生まれる、幸せな生活のシーンを描きます。
　たとえばダイエットサプリなら、「やせますよ」というよりも、やせた後に待っている幸せな生活を描くのです。
「やせたら今までできなかったこんなことができる！」
「ずっと着たいと思っていた可愛い洋服を着られる！」
「みんなからうらやましい体型と言われる！」
　そんなあこがれを見せることで、隠れていたニーズが呼び起こされるのです。

■ 手が届きそうな「リアル」で「半歩先のあこがれ」が肝心

　お客様が「いいな～」とあこがれるような未来像を描くのがポイントですが、あまりにも現実と離れていると、「私には無理」と思われて共感されなくなってしまいます。
「やせたとたんにモデルになって、世界中の人があなたのファンになる」と言われても、現実味がないでしょう。
　また、商品のメリットを大げさに表現しすぎると、「うさんくさい」と思われかねません（たとえば、「このダイエットサプリで、人生が変わる」……というコピーは通販などでよくありますが、「そこまで言うか」と思われて終わりです）。
　お客様が、自分にもできそうと思えるような〝半歩先のあこがれ〟を描くことがコツです。

058

幸せな未来を見せてニーズを引き出す

コピーを作る流れを見てみよう

お手本コピー

> ふたりでゆっくり、話をしたいから。
> 今夜は一品、ふやしてみる。
>
> （ヤマサ醤油 ヤマサ昆布つゆ）

1. 商品の特徴を洗い出す
手軽に本格的な和食が作れる

⬇

2. お客様にとって「どう」良いの？
夕食にあと一品増やせる

⬇

3. コピーにしてみる
◎これ1本で、夕飯のレパートリーが増える
◎あと1品欲しいときに

⬇

4.「商品がある幸せな未来」のシーンを描く
ふたりでゆっくり、話をしたいから。
今夜は一品、ふやしてみる。

未来をイメージさせると、
商品の魅力が何倍にもなる

18 「私のことだ」と思ってもらう

人は自分に関係あることが気になる

「自分ごと」だと思ってもらうのが第一歩

キャッチコピーの役割の1つは、見た人に「これは自分のことだ！」と思ってもらうこと。人は自分に関係のある情報や普段から関心が高いこと、悩みのヒントになりそうなものにアンテナを張っています。「サロンオーナー様へ」と言われるより、「OL時代より稼げていないエステ＆リラクゼーションサロンのオーナー様へ」のほうが、「自分のことだ！」と思うでしょう。

日常の中に転がっている「あるある」を探す

芸人さんのネタでよく「あるあるネタ」というものがありますが、同じように、日常の中に転がっている「あるある！」「それ、私も〜！」「その気持ち痛いほどわかる」というものを探して、コピーにします。

パナソニックビューティーのコピーで〔髪が決まらない朝は、オシャレのふりしてまとめ髪。〕というのがありましたが、まさに「女子あるある」ですね。

コピーっぽくしようとしなくてOK

キャッチコピーを書こうとすると、「良いことを書かなきゃ」「語呂を良くしなきゃ」と思いがちです。しかし、こういう「あるある系」のコピーの場合は、お客様や見込み客が思わずポロッと言っちゃいそうなセリフをそのまま書くのがいちばん有効な方法です。無理にかっこよく書こうとしないほうが共感を呼ぶコピーになります。

🌀 「あるある！」が共感を生む

惜しい！コピー
　　個性的な子どもの可能性を引き出します。

⬇

グッとくる！コピー
　　「子どもの個性」だとわかっていても、
　　イライラしちゃうあなたへ。

惜しい！コピーのほうは「ふーん」という感じですが、グッとくる！コピーだと、子育てに悩んでいる人が見ると「私のことだ」とドキッとするはずです。考えちゃいけないと思っていても、つい考えてしまうといった共感を狙ったコピーです。

お手本 コピー
　　去年の父の日は終わってから気がついた。
　　　　　　　　　　　　　　　　（イトーヨーカドー）

母の日に比べて忘れがちな父の日。誰もが一度は経験したことのある状況を、そのままコピーにしています。
「あ、今年は早めに父の日のプレゼントを用意しておこう」という気持ちになるコピーです。

お客様や見込み客がこぼす言葉に、
コピーのアイデアがあふれている！

PART2　思わず買いたくなる！「購買意欲を高めるコピー」　061

19 「数字」で信頼度を上げる

「今、売れてます」→「3秒に1人が買っている」

イメージしやすい数字と、イメージできない数字がある

「数字を入れると具体的になる」「データは強い」というのは皆さんも聞いたことがあると思います。ただし、注意が必要です。前にお伝えしたように、どんな数字でも良いわけではありません。

たとえば、パソコンを買うときに、「CPUが○○ギガで……」「画像の解像度が××dpiで……」と言われても、ピンときません。

作った人や売る人は、その性能や機能を売りたくなりますが、お客様が知りたいのは、「自分にとってどう良いか」です。

ピンとこない数字をいくら伝えても、お客様には刺さりません。

お客様がイメージできる数字を使いましょう。○日、○時間、○人、など。伝わってこそ、数字を入れる意味があります。

理由も一緒に入れるとさらにGOOD

安さや早さを伝えるとき、お客様の満足度を伝えるときなども、数字があると一気に信頼性が増します。

「今、売れています」というよりも、「3秒に1人が買っている」というほうが飛ぶように売れているのだと伝わります。その際は、「○○調べ」など、データの根拠も載せるようにしましょう。客観的なデータだと信頼してもらえます。

また、低価格をウリにする場合は、なぜ安いかの理由を書くと良いでしょう。お客様は「安いもの」が欲しいのではなく「良いものが安い」から欲しいのです。閉店セールや見栄えが良くない野菜なども、良いものが安くなっている典型です。

具体的な数字が刺さる！

コピーを改善してみよう

①すぐに結果が出る参考書

解答：＿＿＿＿＿＿＿＿＿＿＿＿＿＿＿＿

②あなたのカラダを変えるトレーニング

解答：＿＿＿＿＿＿＿＿＿＿＿＿＿＿＿＿

正解例
① 2週間で、結果が出る参考書
② 42歳からの「魅せるカラダ」トレーニング

数字は目立つから、思わず見てしまう！

数字を入れると
コピーの信頼性が一気に増す

PART 2 思わず買いたくなる！「購買意欲を高めるコピー」 063

20 「お客様の言葉」で宣言する

コピーに共感し、商品に親近感を持ってもらえる

商品の魅力を、お客様のセリフで伝える

　商品を使うことでどうなるかを、お客様のセリフで宣言する方法です。
「〜になりたい」「〜したい」「〜には負けない」「〜になりますように」など、欲求や願望、欲望などをお客様のセリフという形でコピーにします。
　お客様自身の立場に立った言葉なので、「今すぐ買いなさい」といった押し売りよりも、おしつけがましくなく、読み手の心にすっと入る、共感されるコピーになります。

商品に込めた企業姿勢を伝えることができる

　また、商品に込めた想いを、宣言の形で表現することで、企業の姿勢を伝えることができます。
　以下の例を見てみてください。

◎からだを、ぜんぶ使って生きよう。

　これは、スポーツメーカーのミズノの「大人のスポーツウエア」ブランドのキャッチコピーです。
　体を使う喜びをたくさんの大人と分かち合うために生まれたブランドの趣旨を、宣言という形のコピーにしています。
　「〜しよう」（Let's）という形で誘いかけるようなコピーは、世の中にムーブメントを起こしたいときにも使えます。

お客様になりきってみよう！

惜しい！コピー

合わない靴は、足の健康に悪い。

グッとくる！コピー

70歳でもヒールでカッコよく歩いていたい。

合わない靴が足の健康に悪いことは、みんなわかっていますよね。

だけど、靴を見直そうと思わないのは、「今」不調や不便がないからです。

それならば、コピーの力で「理想の未来」を想像させましょう。「こんな私でいたい」という形で「理想の未来を宣言する」と、グッとくるコピーになります。

お客様になりきることで、言いたい・言われたいコピーが出てくる！

21 「今のままだと、もったいない」と伝える

ソンしたくない気持ちを刺激できる

実はソンしている、ということを気づかせる

「え!?　まだ、そんなことしているの？　こっちにもっと良い方法があるよ！」と伝えて、見込み客の中のニーズを刺激する方法です。

たとえば、〔せっかくの栄養素、捨てていませんか？〕というコピー。これは「らでぃっしゅぼーや」という食品などの配達をする会社のキャッチコピーです。

野菜には、皮の部分に栄養がたっぷり入っているのに、皮をむいて捨てていませんか？　皮ごと食べるなら農薬の心配のない安心な野菜を選びたいですよね。それなら、らでぃっしゅぼーやの野菜です。と続きます。

今のやり方では実はソンしているんですよ、このままだともったいないですよということを「〜していませんか？」という問いかけにしたり、「（まだ）〜しているあなたへ」と呼びかけたりします。

商品の意外な使い方を提案してあげる

既存の商品を売る場合、新しい使い方や意外な使い方を提案することで、その商品の魅力が再び輝きだすことがあります。

「え!?　こんな使い方もできるんだ、知らなかった」「ちょっと買ってみようかな」「これ、必要じゃん」と思わせる方法です。

たとえば、〔防災袋に、予備のメガネは入っていますか。〕は、震災の後に出されたチトセメガネのコピー。そう言われれば、いざというときのためにもう1つメガネを作っておこうか、という気にさせられます。

ソンを解消するコピーを作る

どっちのコピーがグッとくる？

Q1 スマホの乗り換え提案

　　A　え!?　まだスマホに
　　　　月8,000円も払ってるの？
　　B　月々のスマホ代が安くなる

Q2 毎週通える価格がウリのサロン

　　A　週に1度、笑顔になれる美と癒しのサロン
　　B　高価なエステに、たまに行くだけじゃ、
　　　　キレイになれない

正解は、Q1：A　Q2：B

Q1の「まだ〜しているの？」のような問いかけは、応用しやすい言葉です。
Q2は高価なサロンでお金をたくさん使うのに、何も変わらない＝「ソン」している、と教えています。

もっと得する方法があると伝えれば
お客様は気になってくる！

22 お客様も気づいていない「メリット」を伝える

ぼんやりした願望が「欲しい」に変わる

「そう言われればそうだ！」を探す

　この悩みを今すぐ解決したい！　どうしてもこれが欲しい！　と思っている人には、その人たちに合わせた商品特徴と価格だけを伝えても売れます。ですが、たいていの人は普段、そんなにはっきりと悩みや欲求を持っているものではありません。忙しい毎日の中で、自分の悩みや欲求に気づいていないことも多いのです。たとえば、「コンタクトは面倒だけど、メガネはちょっと……」と思っている人に、「可愛くなるメガネ」とおしゃれさを伝えることもできます。

　だから、見込み客の中にある「自分でも気づいていない願望」をくっきりと浮かび上がらせる必要があります。

お客様の日常生活にヒントがある

　見込み客の日常をリアルに想像することで、その人の中にどんな欲求があるかが見えてきます。その欲求をあなたの商品が解決できるとわかれば、見込み客はあなたの商品に興味を持つはずです。

　たとえば、〔バイ菌と年越し!?〕というドメスト（除菌クリーナー）のキャッチコピー。今まで大掃除は目に見える場所をキレイにするだけだったけど、「言われてみれば」排水口やトイレやシンクの見えない菌が気になり、「買わなきゃ」という気にさせられます。

「今まで気づかなかったけど、そう言われればそうだな」

「何で気づかなかったんだろう」

　そんな風に、見込み客が思うような商品のメリット（お客様にとってどう良いか）を探し出し、それをキャッチコピーにしましょう。

🌀 新発見があると商品が気になってくる！

コピーを改善してみよう
想いが伝わるオリジナル筆文字。

解答：

正解例
ペンで書いた「愛」よりも、
筆で書いた「愛」のほうがグッとくる。

同じ字のはずなのに、筆のほうが味が出ると伝えて
「言われてみれば、たしかにそうだ」と感じてもらえます。

お手本 コピー
どれだけ料理が上手でも、水の味はつくれません。

（ダスキン 天然水）

見落としがちな「水の大切さ」に焦点を当てたコピー。
料理上手な人、料理が好きな人にターゲットを絞り、技術や
食材や調理道具に加えて水も大切というアプローチです。

「気づき」を与えて、欲望を満たす
キャッチコピーを作ろう！

23 「意味や理由」をつけて、価値を高める

お客様に「買わなきゃいけない！」と思ってもらう

視点を変えることで、モノや行為の価値を高める

よく引っつくのに、力を入れなくてもすぐにはがれる接着剤。一見、何の役に立つかわかりませんが、紙にこの接着剤を使えば、メモとして使える付せんになります。同じように、視点をちょっと変えるだけで、同じ商品でも価値が高まったように見せることができます。

たとえば、〔子ども服は一生モノです。だって写真に残るもん。〕というそごう・西武のキャッチコピー。子どもはすぐ成長するから安い服でいいやと思いがちな親の気持ちに、グサッと刺さる、子ども服の価値をグッと上げているコピーです。

あなたの商品は、どこにどんな光を当てることで、新たな価値をつけられるでしょうか？　なぜそれを買うのか？　なぜそれをするのか？　今まで注目されていなかった理由や意味を見つけてみましょう。

ネガティブをポジティブに変えて、新たな魅力を生む

新たな価値をつけるときには、ネガティブをポジティブに変換するという方法もあります。近鉄電車の名阪特急に、〔2時間あるから、ちょうどいい。〕というキャッチコピーがありました。大阪から名古屋まで、新幹線なら1時間ちょいなのに、近鉄は2時間。だからこそ、その2時間をアピールして、「2時間あるから〜できる」というキャンペーンにしたのです。ビジネスマンが仕事をするにも、ゆっくり車窓を見るにも、子どものお昼寝にもちょうどいい2時間。

こんな風に、新たな価値を生み出すことができます。

🌀 コピーでも価値を付加できる！

惜しい！コピー

> 香りで会社を元気に。

グッとくる！コピー

> アロマテラピーは、経営戦略になる。

近年では、社員のモチベーションアップやメンタルヘルス向上のためにアロマを取り入れる企業が増えています。

そういった「対企業」向けのコピーには、漠然としたコピーよりも、経営者に響く言葉でズバッと言い切るほうがいいでしょう。「そんな使い方もあるのか！」「アロマって実はすごいんだ」というような、「癒し」や「趣味」を超えた、アロマの新たな魅力が伝わります。

視点を変えることで、
商品の新たな魅力を引き出そう！

24 「ハードル」を下げる

人はラクなほうに流されやすい生き物

これなら自分にもできそう、と思わせる

　キャッチコピーを見て、「これは自分に必要だ！」と思っても、「また今度でいいか」となってしまってはもったいない。
　今すぐ買おう！　そう思ってもらうには、ハードルを下げることも必要です。
「1日1時間、この機材を使えばやせます！」や、「本格調理道具で、プロのように料理できる！」と言われても、買いたいとはあまり思わないでしょう。ですが、「巻くだけダイエット」や「チンするだけでおいしい」など「〜だけ」と言われたら、買いたくなりませんか？
　コピーにもこれを取り入れて、「〜だけ」「誰でも」「どこでも」「簡単に」「〜しないで〜できる」などハードルを下げる表現を使ってみましょう。
「これなら自分にもできそう！」という気持ちになります。

ハードルが高いことも、まずはスモールステップから

　ダイエットにしろビジネスにしろ勉強にしろ、成功するには継続が大切です。それはわかっているけれど、努力を続けるのは大変なこと。
　そこで、まずは、すぐにできる「小さな一歩」を提案してみましょう。
　たとえば、〔冷蔵庫にあるだけでも、お守りみたいな安心感。〕というダノンビオ（機能性ヨーグルトドリンク）のキャッチコピー。ヨーグルトを毎日食べる習慣は続かないかもしれないけど、「とりあえず買っておくか」という気になります。
　見込み客の「これならできそう」を考えてみましょう。

ハードルを下げるとやってみたくなる！

すぐに使えるフレーズ：できる

「できる」を使ったコピー

今日からできる、薬に頼らない生活。

「今日からできる」「誰でもできる」「これならできる」などは、ハードルを下げる便利なフレーズです。
他にも、「1日3分で子どもの気持ちがわかる子育て」など、「1日3分で」といったフレーズも、「これなら私もできそう」と思ってもらえます。

お手本 コピー

寝ながらできる健康管理

（京都西川 ローズテクニー）

何もしなくても寝るだけで健康的になれるって、うれしいですよね。それを叶えてくれる布団があります、というアプローチです。

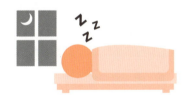

最初の一歩は面倒なもの。
ハードルを下げて、後押ししよう！

PART 2　思わず買いたくなる！「購買意欲を高めるコピー」　073

25 「言い訳」を作ってあげる

お客様は背中を押してほしい

買うかどうかを迷っている人の背中を押す

「これ欲しい」と思ったとき、人は同時に「でも……」と買わない言い訳を考えるものです。

「今じゃなくてもいいか」「もっと安いものでいいか」「贅沢かも」などなど。その買わない言い訳に対抗するのが「買う言い訳」です。

女性誌などによく出てくるのが「自分にご褒美」というフレーズ。ジュエリーも洋服も、高価な家電も。がんばった私へのご褒美と思えば買ってしまう強烈なコピーです。

また、お花屋さんに〔頑張りに気づいたら、"一輪のひと休み"贈りませんか。〕というコピーがありました。自分にご褒美と同じ考え方ですね。

「そう言われたら買ってもいい気がする」と思わせるコピー。

あなたの商品は、どんな買う言い訳を作れますか？

買うきっかけを作ってあげる

買う言い訳を考えるときのポイントが、「今買おう」というきっかけを作ることです。

クリスマスだから、夏だから、親になったから、などのタイミングを伝えるのも１つの方法。たとえば、「母の日に、靴下を贈ろう」「夏までに魅せる体に」などです。

ほかにも、「○○にならないためには（この商品を買おう）」と商品を買うことで不安が解消できることを伝えたり、「買わないと○○になってしまう」と商品のない未来を想像させたりします。

日常を特別な日に変える！

コピーを改善してみよう
土曜日を楽しく過ごしたい方の「手作り教室」

解答：＿＿＿＿＿＿＿＿＿＿＿＿＿＿＿＿

正解例
平日がんばった私に、時間のプレゼント。
手作りを楽しむ「土曜教室」。

正解例のように、「平日がんばってるから、土曜くらい好きに過ごしていいよね」とすると、「自分への許し（言い訳）」が生まれてきませんか？

お手本 コピー

> 母の日は、妻の日でもある。ありがとう。
> 　　　　　　　　（サントリー ザ・プレミアム・モルツ）

「母の日」に絡めて、商品を買う「きっかけ」を作っている例です。「妻の日」という言葉が効いています。

「言い訳」を作るときは、「今」買ってもらうための理由を作ろう！

26 商品・サービスができるまでの「背景」を語る

「背景」を知れば、商品が好きになる

共感できるエピソードを語ろう

　どんな商品やサービスにも、それが生まれた「背景」があります。「背景」は、商品の機能や性能よりも、時に雄弁にその商品の魅力を語ってくれます。背景というのは具体的には、その商品が生まれた理由であったり、場所、作っている人、作り手の想い、生産工程でのエピソード（興味深い話）などです。たとえば、〔トンネルを23個ぬけてたどりつく蒸留所から。〕という高橋酒造のコピー。米焼酎をつくる蒸留所の場所を書いていますが、美味しそうに感じませんか？

　知られていなかったり、面白いネタがあれば、それをストーリーにしたキャッチコピーを考えてみましょう。キャッチコピーで、「これは何？」と思わせて、ボディコピーでストーリーを語るのです。

人は「サクセスストーリー」が好き

　その商品やサービスを作った人が出てきて語る方法もあります。

　たとえば、「肌に負担をかけずにメークを楽しめる化粧品を作りたい」という化粧品の研究者が開発にかけた想いをコピーにするのです。チラシやホームページでは、開発者の写真や肩書き、名前と一緒に載せるのも良いでしょう。

　デパートの催事場でやっている「北海道展」などの物産展のチラシやポスターには、人気のバイヤーが登場することがよくあります。同じように、お店の商品やサービスについて、店長やスタッフの言葉で「こういう想いで作った」「開発中にこんなことがあった」という秘話をコピーにするのも良いでしょう。

商品に込めた「想い」が魅力になる

どっちのコピーがグッとくる？

Q1 おからケーキ
A 日本の伝統食材の持つ、限りない可能性を、ケーキに託し焼き上げました。
B 焼き上げたのは、「ずっと元気でいてね」の気持ちです。

Q2 子どもの病気に効く乳酸菌
A 長男のアトピーとぜんそくを、少しでも楽にしたい。その想いが原点です。
B お子さんのアトピーやぜんそくに悩んでいる方へ。

正解は、Q1：B　Q2：A
Q1はAの漠然とした言葉よりも、健康を大切にしたいという「想い」を込めたBのほうが心に届きますね。
Q2のAは、作り手が実際に長男の病気で悩んだという光景が思い浮かぶような、説得力があるキャッチコピーです。

「共感」は商品・サービスとの距離を縮めるキーワード！

PART2　思わず買いたくなる！「購買意欲を高めるコピー」　077

27 商品に隠された「ミッション」を伝える

想いに共感して、商品が欲しくなる

■ 人は「なぜ」の部分に惹かれる

　アメリカのコンサルタント、サイモン・シネックは、人は「何を」ではなく「なぜ」に動かされるという「ゴールデンサークル理論」を提唱しています。

　商品の説明を「何を」から始めるのではなく、「なぜ」から始め、「どのように」「何を」の順番で説明していくことで人を引きつけることができるというものです。

　実際に、アップル社をはじめ多くの企業が、この方式で広告を制作しています。

「なぜ、この商品を作ったのか？」
「なぜ、この商品があなたの役に立つのか？」
「なぜ」はあなたの商品のミッション（役割・使命）です。それをキャッチコピーにすることで、見込み客の心をグッとつかむことができます。

■「なぜ」が差別化になる

　「なぜ」は競合他社との差別化になります。どのような想いでその商品を作ったかの部分は、ほかにはまねできないあなただけのオリジナルです。その想いに共感する人が商品を通してあなたのファンになるのです。

　同じような内容の商品が2つあれば、人は「どんな想いでその商品を作ったか」が見えるほうに惹かれるでしょう。

　「なぜ」を語ることで、どんな商品も唯一無二の輝きを放つことができるのです。

🔍 人を惹きつけるコピーのヒミツ

惜しい！コピー

家庭料理が楽しく学べる教室です。

⬇

グッとくる！コピー

料理で「家族を幸せにする人」を増やしたい。

料理教室のコピーの例ですが、「惜しい！コピー」は、教室の特徴を書いているだけで、「グッとくる！コピー」は、「なぜ、この教室を始めたのか」「どんな想いで教室をしているのか」というミッションを語っています。ミッション型のコピーにすることで、その想いに共感する人（＝本当に来てほしいお客様）が集まるようになります。

お手本 コピー

世界一おいしいビールを作ろうと思いました。

（サントリー ザ・プレミアム・モルツ）

どんな想いで、何を目指して商品やサービスを作ったか。「世界一おいしい○○です」と言い切れなくても、「世界一おいしい○○を作ろうと思った」ならOKですよね。「世界一○○な××」というパターンは使えます。

「なぜ」に答えたコピーは
お客様の心を打つ！

PART 2　思わず買いたくなる！「購買意欲を高めるコピー」　079

28 「ドキッとする」質問を投げかける

人は質問されると、立ち止まって考える

▎ドキッとする質問をコピーにする

　テレビやスマホの画面、駅や電車のポスターなどにある「質問型」のキャッチコピーに、ドキッとした経験はありませんか？

　ターゲットに問いかける「質問型」はキャッチコピーの王道です。

　以下の売れている書籍タイトル『なぜ、あなたの仕事は終わらないのか』『なぜ、社長のベンツは4ドアなのか？』『さおだけ屋はなぜ潰れないのか？』などは、「なぜ～なのか？」と問いかけており、「そういえば、なんでだろう？」と考えたくなります。

　また、「○○か、××か」のような選択肢を示すパターンも、「自分はどっちだろう？」と思わず考えてしまいます。

▎具体的な1人のターゲットに向けた質問こそ、みんなに刺さる

　見込み客の心をつかむには、「なんで、私の気持ちがそんなにわかるの!?」と思うような質問をしなければいけません。

　そのためには相手が今どんな状況にいて、どんな悩みを持っていて、何を欲しているのかを、具体的に思い描く必要があります。

　一般的な質問よりも、「たった1人に向けた質問」をするというイメージです。

　たとえば、7月の蒸し暑い朝、電車のつり革を持って立って見える位置に「今日の、ワキ汗大丈夫？」と書いてあればドキッとするでしょう。

　見込み客の生活シーンを具体的に想像することで、刺さる質問が生まれます。

質問されると答えたくなる

惜しい！コピー

肌美人はスポンジにこだわる。

↓

グッとくる！コピー

ファンデのスポンジ洗ったの、いつ？

メイク用のスポンジやブラシを洗う洗剤のコピーです。
「いつ？」と聞かれたら、思わず「いつだろう？」と
自分に当てはめて考えちゃいますね。
問いかけ以外にも、「語りかける」という手法もあります。

お手本 コピー

大人になりたいか。おじさんになりたいか。

（大塚製薬 ウル・オス）

思わず「自分はどっちだろう？」「大人とおじさんの
違いってどこだろう？」と考えさせられるコピー。
「〇〇か、××か」と比較して質問するこのパターン
は使い勝手がいいですね。

思わず答えを考える質問で、
ターゲットの心をつかもう！

PART 2　思わず買いたくなる！「購買意欲を高めるコピー」　081

COLUMN
ターゲットの「本当の気持ち」を知っていますか?

自分の頭で考えることには限界がある

　キャッチコピーを作る基本は、ターゲットの気持ちを知ることです。ターゲットのプロフィールを書き出す、ターゲットの悩みと理想を考える……などPART1で詳しく述べました。

　では、書き出したそのターゲットの生活や悩み、理想は、本当に「リアル」でしょうか。「ターゲットはきっとこんなことに悩んでいるだろう」「こんなニーズがあるだろう」という勝手な想像になっていませんか?

「リサーチぐせ」をつけよう

　大手企業ならば、マーケティングにお金をかけて調査できますが、それが難しくても、次のような方法で、あまりお金をかけずにリサーチすることもできます。

　ターゲットが集まりそうな場所に行ってみる、ターゲットが読みそうな雑誌を読んでみる、街中や電車の中でターゲットっぽい人がいたらその人たちの会話を聞いてみる。日常生活でアンテナを張ることがリサーチになります。

　また、既存のお客様の中で特に「理想のお客様だ」と思う人たちにインタビューするのも有効です。「なぜ、商品・サービスを買いたいと思ったのか」「それまでどんなことに困り、どんな悩みを抱えていたのか」「商品・サービスを検討するうえでいちばん知りたかったのはどんなことか」「商品・サービスの選択基準」「競合商品にはない差別化ポイント」などをヒアリングすると良いでしょう。既存のお客様との会話から、ターゲットの本当の気持ちが見えてきます。

PART 3

お客様の背中を押す 「欲望を刺激するコピー」

商品の購入を迷っているお客様に買ってもらうには、
我慢できないほど「欲しい!」と思ってもらうことが大切です。
一瞬でお客様の欲望を刺激するテクニックを紹介します。

29 ➡ ➡ ➡ 40

29 「価値」を「見える化」する

お客様の欲望にダイレクトに刺さる

■ 目に見えない価値は、言わなきゃ伝わらない

　誰でも自社の商品には価値があると思っています。だから商品の機能や他社との違いを伝えようとします。

　私が以前、某家電メーカーの広告を担当していたときの話です。メーカー側は「ここが5ミリ小さくなったことを言いたい」「このパーツが軽くなったのが画期的」など機能的なことを伝えたいのですが、見込み客はピンとこない。本人は5ミリも小さくすることに多大な労力をかけていますが、それをそのまま伝えても届かないのです。

　その価値を「見える化」することが大切です。たとえば、ビデオカメラで「起動時間が速い」という特徴があるとします。それだけでは人はピンときません。起動時間が速いとどう良いかを伝えると、「感動の瞬間を逃さない」「撮りたいと思ったときに、約1秒で起動する」というようなコピーが作れます。子どもの運動会や発表会などの写真があるとイメージがさらに広がります。

■ 人は、「機能」を買うのではなく、「価値」を買う

　人は商品の「機能」を買うのではなく、それを買うことで生まれる「価値」が欲しいのです。たとえばブランド物のバッグなどは、モノを運べるだけでなく、それを持っているときの気分や、買うときの高揚感なども含めての「ブランドバッグ」という価値でしょう。

　これを買うとどうなるか、どんな自分になれるか、どんな生活が待っているか、その部分を膨らませて伝えることで、見込み客に「買う価値がある」と思わせることができるのです。

◎ 価値とは、お客様の感情を刺激するもの

お手本 コピー

麦芽100％には、ビールのプライドが入っている。

（サッポロビール ヱビスビール）

副原料を一切使わず「麦芽100％」とホップでビールを作るには、熟成の技術が必要だそう。その部分に価値を持たせるために、「ビールのプライド」という表現を使ったコピー。一杯のビールの先に、作り手のストーリーが見えてきます。

お手本 コピー

優しいオトコに見える「シャツ」

（集英社 『UOMO』2016年5月号）

なぜそのシャツを選ぶのか？ 着心地や好みもありますが、「仕事ができるように見せたい」「女性に好感を持たれたい」などの見せ方も重要なポイント。これを着るだけで「優しいオトコ」に見えるなら、着てみる価値あり、と思わせられるコピー。

商品を買ったことで生まれる「価値」を言葉にしよう！

PART 3 お客様の背中を押す「欲望を刺激するコピー」 085

30 「世間の通説」と逆のことを言う

当たり前のことを言うだけでは、スルーされる

思わず「え!?」と聞き返すようなコピーは強い

　キャッチコピーのいちばんの役割は、「ハッ」とさせて目を留めさせること。当たり前のことをフツーに言っているだけでは、一瞬でスルーされてしまいます。

　商品・サービスやメリット（効果）について、みんなが思い込んでいることを探して、その逆のことをコピーにすると、「なんで!?」「本当に!?」と驚きのある表現になります。

　たとえば、ブラックマヨネーズというお笑いコンビの吉田さんを起用していた塩野義製薬のニキビ疾患啓発のコピー。〔「何かを食べるとニキビができる」は、根拠のない迷信です。〕

　このコピーを読んで、「え？　そうなの!?」と思いませんか？

　なんとなく、チョコレートとか、アーモンドとかそういうものを食べるとニキビになるって、思っていませんでしたか？

　受けコピーには、〔今のところ、ニキビを悪化させるという科学的な根拠のある食べ物はありません。〕とあります。一度気になった情報に、その理由を説明されることで納得してしまうのです。

その理由が気になるから、続きを読みたくなる

　こうして世の中の思い込みの逆説をコピーにすると、その理由が知りたくて、続きを読みたくなります。

　その続きに、商品・サービスの特徴や、その商品に込めた想い、どんなメリット（効果）があるかを語れば、読者は興味を持って読み進めてくれるでしょう。

意外な言葉に目を引かれる

コピーがグッと改善！

胸を大きくするブラジャー

> もんだらおっきくなるのは伝説だった。
> （マイコレクション 育乳ブラ）

おっぱいはもんだら大きくなるって、なんとなく思っている人が多いけれど、実はもむよりもブラジャーが大切ということを伝えているコピーです。「おっぱい」とも「胸」とも書いていないのに、何のことか想像できる、うまいコピーです。

お手本 コピー

> 私たちが教えたいのは、お料理ではありません。
> （一般社団法人神戸親子遊び推進協会 とことこ 子ども料理教室）

料理教室なのに、教えたいのが料理じゃないってどういうことなのでしょうか？
料理を通して親子の絆を育み、ダンドリ力や計算力、先を見通す力をつけ、仲間と協力する大切さを知る……料理は手段で、本当に伝えたいことはほかにあるということをコピーに込めています。実際にこのコピーを使ってから、問い合わせが急増したそうです。

業界では常識でも、世間では常識外のことにアピールのタネがある！

31 「選ぶ基準」を作ってあげる

お客様に迷わせない

似た商品の中から、何を基準に選べばいいかわからない

　家電などを買うとき、たくさんのメーカーの似た商品がずらりと並んでいて、選ぶ基準がわからないといった経験はありませんか？

　たとえば、炊飯器を買うときに、超音波、蒸気レスなどいろんな特徴が書かれていますが、それだけでは自分にピッタリなのがどれなのか、判断がつきません。選ぶ基準がわからないと、結局、価格や見た目で選ぶことになってしまいます。

　たとえば、「炊飯器は、内釜の厚さで選ぼう」など基準があればわかりやすいのにと思います。

商品の特長を「選ぶ基準」にしてしまう

　シャープの広告に、〔今どき、どこの「電子レンジ」でも、料理はできる。では、どこで選ぶか？〕というコピーがありました。まさにこの発想です。最も伝えたい商品のウリを、選ぶポイントにしてしまうのです。

　写真の画素数が良いスマホなら、「そのスマホは、自撮りに強いか」「そのスマホは、ランチの香りまで映せるか」というように表現してみる。シンプルな機能に絞ったスマホなら、「使わない機能を搭載していないスマホ、ください」とか「使うのは、通話、メール、以上。私に合うスマホはどれですか？」など、お客様の声をコピーにする方法もあります。

　商品がたくさんあって選べないという人に、「選ぶ基準」を作ることで、買ってもらうことができるのです。

選ぶポイントを明確にして迷わせない！

どっちのコピーがグッとくる？

A　月間見開きだから、スケジュール管理がしやすい手帳です。
B　「手帳はスケジュール管理ができればいい」という人へ。

正解はB

手帳も、たくさんある種類の中から選ぶのに迷ってしまう商品の1つ。「スケジュール管理がしやすい」というメリットをそのまま伝えるよりも、「こういうタイプの人にはこれがおすすめ」と選ぶポイントを絞ってあげると、グッとくるコピーになります。

惜しい！コピー

戦略的な組織づくりを社労士がサポートします。

↓

グッとくる！コピー

社労士は、「戦略力」で選べ。

「〜します」と書くよりも、「〜で選べ」と選ぶポイントを示したほうがその商品・サービスの特長が際立ちます。強い自信まで伝わってくるようなコピーです。

商品の強みを把握し、選ぶポイントとしてアピールしよう！

PART3　お客様の背中を押す「欲望を刺激するコピー」　089

32 「今」買わないと、ソンだと思わせる

「今」買わないお客様は、「あと」でも買わない

いつかじゃなく「今」と思わせる

お金があったら、時間があったら、○○があったらするのに……と思っている人は、ほとんどの場合、お金や時間があっても、その○○があってもしないものです。

「あとで」「そのうちに」と思ったことは、そのまま忘れ去っていく可能性が高いでしょう。

繰り返し見込み客にアプローチできるなら（シリーズ広告を作るとか、メルマガを配信するとか）、繰り返し訴求することで「欲しい気分」を高めていくこともできます。ですが、一度きりのキャッチコピーで「買おう」という気持ちにまで持っていくためには、「今買わなきゃソンだ」ということに気づかせなくてはなりません。

季節やイベントに乗じて「今すぐ欲しい」気分にさせる

人は期限を決めることでスイッチが入るものです。クリスマスまでに恋人を作る、夏までに二の腕を細くする……など、目標がハッキリするとそれが叶った後の自分をイメージしやすくなるし、今すぐ始めなきゃ間に合わないという気持ちにすらなります。

あなたの商品やサービスがいちばん効果を発揮する時期はいつですか？　季節や曜日、イベントなど「この日まで」という締め切りが設定できるようであれば、締め切りを設定してみましょう。

見込み客の中にある「ぼんやりとしたニーズ」が、はっきり「欲しい」に変わるタイミングを逃さないこと。

それが、売れるキャッチコピーを作るために大切なことなのです。

どうすれば、「今」買ってもらえる？

 どっちのコピーがグッとくる？

Q1 特別価格

A　特別価格だからお買い得！
B　あなたが買わないと、誰かのモノになっちゃう。

Q2 ダイエットのすすめ

A　今始めれば、ビキニだって夢じゃない。
B　今度こそ、やせたいあなたへ

正解は、Q1：B　Q2：A

Q1は、欲しいけどどうしようと迷っている人が「今買わなきゃ！」と思ってしまうコピーです。
Q2は季節やイベントに乗じて「今すぐ始めなきゃ」と思わせる方法です。

 時間や期間を限定することで
お客様が「今」行動したくなる！

PART3　お客様の背中を押す「欲望を刺激するコピー」　091

33 「想定外」の使い方を提示する

1行で新たなブームを生み出すことができる

その商品を買いたくなるシーンを作る

　日本でいちばん古いキャッチコピーは、江戸時代に平賀源内が考えた〔土用の丑の日〕だと言われています。夏場に鰻を食べる習慣がなく、売上が落ちていた鰻屋の知人に頼まれ作ったそうです。この1行のコピーにより、夏場に鰻を食べると元気になるという風習が広まったのだから、キャッチコピーの力ってすごいですね。

　このように、キャッチコピーを通じて、「○○だから□□を買おう」というシーンを作り出すことができます。

　商品認知度が高いキットカットも「きっと勝つ」受験にからめて売り出しヒット。同じように受験にからめた後続商品が出ています。「○○の日だから」「寒いから、熱いから」「〜したから」「〜していないなら」など、「今買わなきゃ」と思わせるシーンの訴求をしてみましょう。

場所、ターゲット、売り方を変えて、新たなニーズを生み出す

　子ども向けの商品を大人に売る、男性向けのサービスを女性に売るなどターゲットを変えたり、売る場所を変えたり、販売方法を変えたりすることで商品の新たなニーズが生まれる場合もあります。

　たとえば、子ども服の160㎝サイズは小柄な女性も着られるので、「Sサイズママとキッズでお揃いコーデ」というキャッチコピーで売り出せます。キャッチコピーがきっかけで、新たなブームが生まれるかもしれません。

新たなニーズを生み出す

お手本 コピー

受験生の家は、たいてい健康ブームになる。

（ポッカサッポロフード＆ビバレッジ キレートレモン）

普段は若い女性をターゲットにしている商品だけど、受験前には、受験生を応援するというスタンスでのコピー。タイミング訴求で新たなターゲットのニーズを生み出した例。

お手本 コピー

トマトを贈るという提案。

（西武 お中元）

「お中元にトマトを贈る」というこれまでになかったことをコピーで提案。産地や品質を「語れる」ようなトマトだと、贈られたほうもうれしくなります。「○○に□□を贈ろう」というコピーは、いろんな商品で使えそうです。

同じ商品でも「新しい使い方」で買ってくれる人が増える！

34 あえて「欠点をアピール」する

本音のコミュニケーションが距離を縮める

イイことだけを言っているコピーはスルーされる

　昔、広告やキャッチコピーは「憧れの生活のイメージ」を伝えるものでした。今よりもっと良い生活、もっと良い暮らしを手に入れた理想の自分を想像させるもの。戦後の日本には、がんばればがんばった分だけ今より良い暮らしが手に入る、という確信に満ちた空気が流れていたからです。

　今は、もっとシビアです。高級車やマイホームなどわかりやすいステータスに憧れを抱く人は減り、人々は広告が描く理想の暮らしよりも、自分サイズの豊かさに目を向けるようになりました。そして、SNSが普及し、広告よりもクチコミサイトで情報を得ることが当たり前になりました。商品やサービスを使った人の声が、良くも悪くもダダ漏れなのです。キャッチコピーでいくら理想を語っても、「そんなこと言っても、どうせ○○でしょ」とシビアな目線で見られます。だからこそ、あえて、その「○○でしょ」の部分をコピーにするという手が有効なのです。

　右ページのお手本コピーはそのあたりの心理をくすぐるコピー。「手書きは時間がかかるなぁ」という心理に切り込んでいます。

弱点をあえて言うことで、リアルなコピーになる

　理想だけを語るより、できない部分を正直に言ったほうがリアルで好感が持てます。また、弱点を出すことでメリットが強調されることにもなります。時間がかかる、大量生産ができない、などの弱点は、ひっくり返せば魅力になることが多いのです。

◎ 弱みを強みに変える

コピーを作る流れを見てみよう

お手本 コピー

万年筆は、時間がかかる。
でも、その時間は、相手を思う時間になる。
(パイロット)

1. 商品・サービス
万年筆

2. 商品のメリット
手書きで書くことで、丁寧さが伝わる

3. 商品の弱点
書くのに時間がかかってしまう

4. コピーを完成させる

万年筆は、時間がかかる。
でも、その時間は、相手を思う時間になる。

視点を変えれば「弱点」が
お客様の求めている「長所」になる！

PART3 お客様の背中を押す「欲望を刺激するコピー」

35 「連想ゲーム」でお客様の目を引く

「知っている言葉」×「知っている言葉」＝「新しい言葉」

◯◯と言えば……、と発想をつなげていく

　昔、「連想ゲーム」というNHKの長寿番組があったことをご存じでしょうか？

　男性・女性チームに分かれて、キャプテンが言う単語をヒントに連想する言葉を当てるというもの。「◯◯というと何？」という連想ゲームの発想はキャッチコピーの基本です。

　「お酒というと何？」「ほろ酔い」「無礼講」「恋の始まり」などなど出てくる言葉を書き出してみましょう。

　また、商品の特徴から連想するのもあり。「カロリーが低いといえば？」「ダイエット」「こんにゃく」「水着」「おなかのプヨ肉」など自由に発想してイメージを広げてみます。

　出てきた言葉をコピーに使うと、意外性のある面白いキャッチコピーが生まれるかもしれません。

ほかのジャンルの言葉を組み合わせると、新鮮な発見がある

　連想ゲームで出てきた言葉をつなげるときは、組み合わせ方が大切。近いジャンルの言葉だと、当たり前になってしまいます。

　たとえば、スタイルが良く見える水着の場合「スタイルアップ水着」「魅せる水着」「主役水着」では当たり前すぎる。

　「美人水着」……良くなってきたように思えませんか？

　「夏恋水着」「告られ水着」「アクセル水着」など、ちょっと意外な言葉を組み合わせるほうが「何だろう？」と気になるコピーになります。

連想して出た言葉を組み合わせる

作ってみよう！

1. 商品特徴・お客様にとってどう良いかを書き出す

例： 新幹線の最終便

→速い（エクスプレス）、最後、移動、休憩、駅弁

2. それをほかの言葉で言い換えると？

→ジェット機、一瞬、時間節約、別れ、シンデレラ、残り、旅行、出張、帰省、睡眠、快復、プライベート、癒し、満腹、食事

3. 1と2で出てきたキーワードの中で意外なものを組み合わせる

シンデレラ・エクスプレス。
（JR 東海）

東京発新大阪行きの新幹線の最終便のキャッチコピー。21時ちょうど発だったことから、帰る時間が決まっている恋人たちの切ない時間……と連想して、シンデレラになぞらえて作られたコピー。ただの最終列車が、このコピー1つで大人気になったというからすごいです。

意外な言葉の組み合わせが
お客様の「気になる！」を生み出す！

PART 3　お客様の背中を押す「欲望を刺激するコピー」　097

36 「欲望」を満たしてあげる

男女の本能を刺激するコピーを作る

男性は、「頼りにされたい」「成功したい」

人が商品を欲しくなるのは、「今ある悩みを解決してくれるから」か、「欲望を満たすから」のどちらかです。

欲望というとギラギラした感じですが「欲求」なら誰にでもあるでしょう。

男性の場合は、「頼りにされたい」「モテたい」「成功したい」「出世したい」などの欲望を刺激するコピーが効きます。

自尊心や男のプライドをくすぐるコピーを考えてみましょう。

女性は、「愛されたい」「美しく若く見られたい」

一方女性の欲望は、何歳であっても「愛されたい」「キレイでいたい」「美しく若く見られたい」ということ。そして、「つながりたい」「仲間に入りたい」という認められたい欲求も強いと言えます。

女性に効くのは、「私に合う」「私が変わる」「ずっとキレイな私」「ほめられる」「愛される」などの欲望を刺激するコピーです。

女性は気に入るものを見つけると「みんなに教えたい」とシェアします。

一方男性は、自分だけで独占しようとする傾向にあります。

「行きつけの店」を持つのは男性に多く、女性はおしゃれでお得なお店を常に探していると言えます。クチコミが起こりやすいのは、圧倒的に女性です。

読者モデルなど、「今の自分の半歩先」にあこがれるのも女性の特徴です。

性別に合わせて欲望を刺激する

お手本 コピー

男は黙ってサッポロビール。

（サッポロビール）

40年以上経った現在でも話題に上る伝説的なコピー。男性のプライドをくすぐるコピーの例。昭和の名俳優・三船敏郎さんが言う「男は黙って～」は、まさに昭和の男性の価値観を表すもの。寡黙で多くを語らないのが男の美学。時代が変わっても共感する人も多いのでは？

お手本 コピー

今死んだら、「あの太ってたひと」になってしまう。

（ATLAS エステサロン）

女性の「美しく見られたい」という願望を刺激したコピー。もし今死んだらどう思われるだろう……と考えると、1人で家にいるときも、お化粧しておしゃれな下着でいなきゃな、という気にもなりますね。

男女それぞれの欲望を刺激するキャッチコピーを使いこなそう！

37 「プライド」を くすぐる

これを持っている自分って、イケテル

承認欲求を満たす

　人は誰でも「認められたい」生き物です。認められたい、受け入れられたい、自分ってすごいと思われたい。その感情をコピーでくすぐるのです。

　この商品の価値がわかるあなたはすごい、この商品の価値がわかるあなたのような人にだけ買ってほしい、というメッセージを伝えることで、それを持っていること自体が誇りになるような強い関係が生まれます。

今の自分をすごいと思えるってすごい

　忙しい日常の中で、自分がしていること（仕事や家事や勉強など）が何の役に立っているのかわからなくなったり、「理想の自分」と「現実」とのギャップに悩むことは誰にでもあるでしょう。そんな気持ちをくすぐるコピーも有効です。

　たとえばジョージアの〔世界は誰かの仕事でできている。〕というコピーは、ビジネスマンのプライドを強く刺激しています。

　缶コーヒーを飲む人は、働く男性がメイン。俳優の山田孝之さんが様々な働く男の姿でCMやポスターに登場します。つなぎを着てタオルを巻いた姿、エプロン姿、ホテルマンの制服、スーツ。今、目の前の仕事が、たとえ単純作業に思えても、それが世界を動かす力になっているんだという、仕事に対する誇りやプライドをくすぐるような表現です。そして、そんな男の日常を缶コーヒーが支えているのがよくわかります。

特別感を演出してプライドを刺激する

コピーがグッと改善！

長く使える時計、それがロレックス

> ロレックスとは、妻より長い。
> （ロレックス）

ロレックスを所有していることに対するプライドをくすぐる表現。妻と比べるほどの存在とは……、ただの「モノ」ではないということがよくわかります。

最高の教育を提供する家庭教師

> 選ばれたお子さまたちのための、
> 選ばれたプロ家庭教師です。
> （家庭教師のトライ）

家庭教師をつけるときに気になるのは、先生がどんな人かです。「選ばれたお子さま」のための「選ばれたプロ家庭教師」。保護者のプライドをくすぐるコピーです。

人は「ほかの人に認められたい」。その思いを叶えるコピーを作ろう！

38 「オトク感」を演出する

「価値」ー「価格」=「オトク感」

おトクとは、「価値」と「価格」の差

　商品認知度が高い場合は、価格訴求が有効です。
　人は安いものが好きですが、単に安いだけではだめで、「良いものが安い」状態が好きなのです。
　どんなに安くても、いらないものは高いと感じます。
　特に近年では価格に対する意識は二極化しています。
　お金をかけてでも良いものを買いたい人、安いものの中から良いものを選びたい人。どちらにしても価格以上の価値を求めることに変わりはありません。
　「オトク」という言葉がよく使われますが、オトクというのは「価値」と「価格」の差のことです。
　単に値段を訴求するだけでは、人の心は動きません。

値段を言うときは、理由とセットで

　想像以上に安い値段は、「何か欠点があるのでは？」と思わせてしまいます。
　価格をウリにするときは、理由をしっかり伝えましょう。
　百貨店でやっている「ワケありセール」が参考になります。
　中身は新品だけど箱が汚れているから、展示品だから、などなど。
「こういう理由があってこの値段です」と言われれば、納得できます。
　さらに「こんな企業努力をしているから、この値段が実現できました」と言われると、安いだけでなく、価格に新たな価値が生まれます。

良いものが安い理由を伝えよう！

すぐに使えるコピー3連発！

＜早期申し込みを増やしたい場合＞

> 1月末までは、「早割」で受講料半額！

＜友だちを連れてきてほしい場合＞

> 「ペア割」で、お一人様5,000円OFF

＜クチコミを増やしたい場合＞

> 「ご紹介キャンペーン」で
> ご紹介者に1万円キャッシュバック

どのコピーも、通常の時期であれば正規料金ですが、「早期」「友だちと同時」「ご紹介」という理由で、安くしています。

お手本 コピー

> 0円にしちゃいます抽選会
> （イオン）

期間中のお買い物が買った分だけタダになるというキャンペーンのタイトル。
5,000円以上買って、抽選でタダになるということなのですが、「0円」という言葉に思わず惹かれる吸引力があります。

安くするときも、「なぜ」安くなるのかに答えるコピーを作る！

39 「売れている」ことをアピールする

他人が買っているものは、自分も買いたくなる

▶ クチコミサイトを見て買う人が多い時代

　店頭で「これ、売れてます！」「人気No.1」と書かれたPOPを見て、思わず手に取ったことはありませんか。みんなに支持されているという安心感は、「欲しい」という気持ちをかきたてるのに有効です。

　今は、気になる商品やサービスがあると、その会社のホームページよりも、クチコミサイトで比較する人が増えています。同じ比較サイトでも、男性は「価格やスペック」を比較し、女性は「お客様の声」を見ることが多いようです。

　今これが売れている、流行しているとキャッチコピーで伝えることで、見込み客の「欲しい」につなげましょう。

▶ 売れているものは「売れている」と言わないともったいない

　商品やサービスが売れているときは、それを伝えるコピーを作りましょう。マスコミに取り上げられたり、どこかで話題になるのを待っていてもブームは作れません。「売れている」ことを客観的なデータ（数字）をつけて堂々と宣言するのです。

▶ 権威づけを利用する方法も

　「専門家の○○さん推薦」「モデルの○○さんご愛用」など、権威のある人をキャッチコピーに使う手もあります。

　予算に余裕があれば有名人をキャスティングできますが、そうでない場合でも、ターゲットによく知られている人であれば、一般的には無名でもローカルでは効果が得られるでしょう。

売れていることを伝える「証拠」の見せ方

すぐに使えるコピーの「型」5連発！

＜商品・サービスが売れている場合＞
> 毎月○個売れています。

＜権威づけがある場合＞
> ○○賞受賞

＜これからブームになりそうな場合＞
> ○○がブームの予感

＜使っている素材や成分、色などがトレンドの場合＞
> マスコミが注目する○○を使った□□です。

＜商品・サービスがトレンドではない場合＞
> 女性スタッフが選ぶ人気ナンバーワン

売れているものを「売れている」と言うだけで、さらに売れる！

40 「自分にできそう」と思ってもらう

できない理由を取り除く

「どんな風に簡単なのか？」を具体的に伝える

　その商品を使えば自分が変われるかも！　と感じても、多くの人は同時に「でも、自分には無理かも」と思います。

　たとえば、肌が美しくなるという美白美容液。肌をキレイにするためには、美容液を使う以外にも何か努力が必要なのでは、と思われるかもしれません。ですが、「1日1回、夜に2週間続けただけで79％が効果を実感」という文言を追加するとどうでしょう。

　肌を変えるためには、1日1回これを塗るだけでいいんだということが伝わり「これなら自分にもできそう」と思ってもらえるでしょう。

「誰でも」「簡単」「すぐに」を具体的に書く

　簡便性を伝えるには、「誰でも」「簡単」「すぐに」というフレーズが便利です。しかし、それだけを付け加えても、グッとくるコピーにはなりません。

「誰でも」とは……？　→　シミに悩む女性なら誰でも……。
「簡単」とは……？　→　1日1回塗るだけで……。
「すぐに」とは……？　→　2週間で効果を実感……。

　というように「具体的な数字で約束する」ことが大切です。

人は「自分だけ」「今だけ」に弱い

　簡便性ともう1つスパイスになるのが「限定」です。「東海地方限定」「ここでしか買えない限定商品」など、「今買わなきゃ！」と思わせるコピーのスパイスになります。

◎ 簡単・限定が人を動かすコピーになる

惜しい！コピー

スッキリ収納インテリアの法則

⬇

グッとくる！コピー

1日5分で片づく　スッキリ収納インテリアの法則

「1日5分で」とあるだけで、「自分にもできそう」という気になりますね。

すぐに使えるコピー6連発！

ここでしか買えない限定アイテム
先着100名限定
年に一度だけの在庫処分セール
京都限定発売の○○です
購入者プレゼントがつくのは、この2日間だけです
1日に○個しか作れない□□

「どれくらい簡単」なのか、
具体的に伝えることを意識しよう！

PART 3　お客様の背中を押す「欲望を刺激するコピー」　107

COLUMN
楽しんで書くと、良いコピーが生まれる!

キャッチコピーを書くのは楽しい！

「キャッチコピーが書けない！」という人の中には、いきなりすごいコピーを書こうとしている人が多いようです。

でも、うまく書こうとしなくても大丈夫！　楽しんで書いているうちに、良いコピーが生まれるし、どんどん上達していきます。

メモが後から役に立つ

思いついたことは必ずメモします。「あ、これ違うな」「全然コピーになってない」と思っても、消しゴムで消したり、ぐちゃぐちゃの線で消したり、フリクションのお尻で消したりしないでくださいね。

そのときは「ない」と思っても、あとから見直せば、そのコピーのかけらが役立つことも多々あります。

人に見てもらうから洗練される

そして、書いたものは、どんどん人に見せましょう。自分が「良い」と思うものと人が「良い」と思うものは往々にして違うものです。

特に、自社の商品やサービスのコピーを書く場合は、自分では当たり前で伝わっていると思っていることが、一般的には知られていないということがよくあります。たとえば、マニアックすぎるコピーになっていたり、言葉足らずだったりすることも。

書いたコピーを人に見てもらうのは恥ずかしいと感じるかもしれませんが、キャッチコピーというのは、たくさんの人に見てもらうと、今まで以上に良いコピーが生まれるのです。どんどん人に見せて、ブラッシュアップしていきましょう。

PART 4

クチコミでファンが増える!
「コピーの見せ方」

思わず口ずさんだり、人に話したくなるキャッチコピー。
そうやって周囲に広がっていくコピーは簡単に作れます!
本PARTで、キャッチコピーの効果的な見せ方をマスターしましょう。

41 ▶▶▶ 53

41 「つぶやき」を そのままコピーにする

リアルな言葉には説得力がある

商品を使ったときのお客様のつぶやきをそのままコピーに

　キャッチコピーを書くとなると、つい整ったものを書こうとしてしまいがちですが、人の心に響くのは型にはまったカッコイイ言葉よりも、ぼそっとしたつぶやきだったりします。

　人はコピーを見るとき、ボケーッとしながらなんとなく流し読みしているのです。その状態で思わず目や手を止めるのは、自分と同じような人のちょっとしたつぶやきです。

　今はSNSが発達し、誰もが自分の思いを発信できる時代です。情報の送り手と受け手の境目がなくなっています。商品の良さを必死で訴えても、リアルなクチコミのほうが強い、そんな時代です。

　だからこそ、正論やカッコイイ言葉よりも、リアルなつぶやきが効くのです。

コピーっぽく整えず、ありのままのセリフを書こう

　リアルなつぶやきを書くときのコツは、本当にその人がつぶやいたように書くことです。コピーっぽく整えると、せっかくの実感がウソになります。「そんなこと言わないでしょ」「そんな人本当にいるの？」と思われないように、ありのままに。

　地方色のある商品や、販売する場所が限定されている場合などは、方言を使うのもアリです。

　ターゲットが普段どんな会話をしているか、1人になったとき、思わずポロリとつぶやくのはどんな言葉か。想像力とリサーチがモノを言います。

リアルな言葉は共感しやすい

どっちのコピーがグッとくる？

A　世界に一つだけの、あなただけの開運財布。
B　お財布ひとつで人生が変わるなんて。

正解はB

風水に基づいて自分だけのオリジナル開運財布を作ってくれるというサービス。
「お財布ひとつで人生が変わる」ということに対する驚きを素直にコピーにすることで、「本当かな？」と斜めに見ていた人の心にもスッと届くコピーになります。

お手本 コピー

あんなに飲まなきゃ良かった。

（協和発酵 アミノ酸 オルニチン）

二日酔いの朝の、リアルなつぶやき。飾らないストレートな言葉のほうが強いという例です。

宣伝色の強い言葉より、
普段から使う言葉で表現しよう！

42 語尾をそろえて「韻を踏む」

〝気づいたら口ずさんでいた〟コピーが作れる

語尾をそろえるとリズムが良くなる

　キャッチコピーって、語呂合わせとか、語尾に韻を踏んだりすること？　と聞かれることがありますが、それは書くことが決まった後の仕上げです。大切なのは、「どう書くか」よりも「何を書くか」。

　その商品・サービスのターゲットやメリット（効果）、ベネフィット（精神的満足）をしっかりと把握して、何を書くかがバシッと決まったら、まず書いてみる。書いてみたコピーを、ブラッシュアップする際に使うのが、「語尾をそろえて韻を踏む」というテクニックなのです。

　最初からここを狙って書くと、「キャッチコピーっぽいけど、結局何も伝わらない」というボヤーッとしたコピーになるので要注意です。

　言いたいことが決まって、コピーを書いてみる。ちょっと長いな、と思ったら語尾を変えてみましょう。「韻を踏む」というのは、「同じ音を持つ言葉やフレーズをつなげて、リズミカルにする」こと。ラップのようなイメージです。ラップに限らず、日本語の歌詞にはヒントがたくさん詰まっているので参考にしてみましょう。

商品・サービスや企業名が覚えてもらいやすくなる

　商品やサービス名、企業名をコピーに入れて韻を踏むとインパクトが強くなり、一度聞くと覚えてもらえるコピーになります。CMなど耳から入ってくる媒体のときに特におすすめです。

　これも、右ページのセブンイレブンのコピーのように、特徴やスペックではなく、商品があることで変わる生活、商品がある気分などを書くと、受け手に届くコピーになります。

◎ リズミカルだと記憶に残りやすい！

お手本 コピー

　　ペット不可。私にとっては、家族不可。
　　　　　　　　　　　　　　　　　　（ハウスメイト）

ペットは今や家族同然。なのに、「ペット不可」という冷たく堅い言葉で家族を否定されたときの残念な気持ちをコピーにしています。「ペット不可」という耳慣れた言葉の対に「家族不可」という新しい言葉を作り出すことでインパクトが強まります。

お手本 コピー

　　セブンイレブン いい気分!
　　　　　　　　　　　　　　（セブンイレブン）

「語尾で韻を踏む」の代表的コピー。短い文章の中に、コンビニで買い物をするときの気持ちや生活風景が見えてきます。

実際に口ずさんでみてリズミカルになっているか確認しよう！

43 句読点で区切り、文字数をそろえる

見た目で強く印象を植えつける

見た目のいい言葉、耳当たりのいい言葉

　キャッチコピーは、文字で見るものとCMのように耳で聞くものとがあります。

　耳で聞こえるものにリズム感が必要なのはイメージしやすいと思いますが、目で見たときもリズム感があると印象が良くなります。パッと見たときの印象が大事です。

　わかりやすい方法が、句点（。）や読点（、）で区切って前後の文字数をそろえる方法です。それだけでリズム感が良くなり、パッと見たときに「気になる」印象になります。

　人間は、生物学的に、左右対称なものに惹かれるそうです。顔や体が左右対称な人ほど「美人」と認識されることがわかっています。

　句読点で句切って文字数をそろえたコピーは、まさに"美人コピー"なのです。

不必要な言葉をそぎ落とし、シンプルにする

　文字数をそろえるためには、不必要な言葉を削り、同じ文字数になるように言葉を言い換えることが必要です。同じ意味でも違う表現の言葉を探していくのです。その過程がコピーをより強いものにしていきます。

　同じ内容を言うにしても、もっと短く言うにはどうすればいいか？
　余計な修飾語など取ってもいい言葉はないか？
　ほかの言葉で言い換えるとすれば何か？
　それを考えていくと、これだ！　という表現が見つかるはずです。

言葉は短くすると強くなる

コピーを改善してみよう

①あなたの持って生まれた星から運勢・未来を知り、運を開く。

解答：_____

②理想の体をとりもどそう。

解答：_____

正解例
①運勢を知れば、運命が変わる。
②理想のからだ、とりもどそう。
（バスクリン 企業広告）

文字数がそろうと、印象に残りやすくなります。

文字数をそろえながら、
売れるコピーに進化させよう！

「有名なフレーズ」の力を借りる

ことわざ、歌などのフレーズに当てはめるだけ

どこかで聞いた言葉は親近感がわき、覚えやすい

　これもキャッチコピーの王道パターンです。繰り返しになりますが、あくまでも「言いたいこと」を1つに絞ってから、その言いたいことを表現するパターンとして「有名なフレーズ」をもじります。

　どこかで聞いたことのある言葉の応用は、それだけでインパクトがあります。

　うまく使うと、とても印象強く心に残るものになるでしょう。

リズム感が良く、思わず口ずさみたくなるフレーズになる

　人気の歌の歌詞やお笑いのフレーズ、ヒットした書籍のタイトル、流行語などはどれもよく考えられているものです。替え歌を作るような感覚で、当てはめていくのも良いでしょう。

　「〜は○○が9割」「なぜ○○は××なのか」「月刊○○」「すごい○○」「○○してはいけない」など、あなたの商品に当てはめるとどんなコピーができますか？　書店をぐるりと回って、気になる本のタイトルや雑誌の見出しなどをストックしておきましょう。

中途半端な流行語だと安っぽくなる可能性も

　ただし、流行を追いすぎると、流行が去ったあとサムくなるので要注意です。その時期だけの広告や告知に使うにはOKですが、ずっと残るコピーに使うのは危険かも。一時期「安心してください！」という言葉がやたらと広告にも雑誌にも踊っていましたが、早々と消え去っていきました。

ことわざをキャッチコピーにすると？

＜美肌エステ＞でキャッチコピー

早起きは三文の徳。
 美肌は三文の徳。

手塩にかける。
 手塩にかけた肌。

身から出たサビ。
 肌から出たサビ。

案ずるより産むが易し。
 案ずるより体験コースが易し。

目は口ほどに物を言う。
 肌は口ほどに物を言う。

「聞いたことがある」。
これだけでお客様の心をつかめる！

45 「同音異義語」で意味を重ねる

話題を意図的に作るしかけ

ユーモアのあるコピーになる

　同音異義語というのは、同じ響きの言葉で意味が違うものです。「コンビニ」と「コンビに」、「お菓子なこと」と「おかしなこと」のように、口に出すと同じだけれど、意味が違う。別の言い方をすれば、ダジャレですね。
　うまく使えば、親しみやすく、ユーモアのあるコピーになります。
　コピーの中に商品や企業の名前を入れると、覚えてもらいやすくなります。
　スーパーの西友が、家具の広告で〔セイユウニトリアエズイケヤ！！〕というポスターやCMを流し、「ニトリ」や「イケア」というライバル店の名前に聞こえると話題になったことがありました。
　同音異義語を使うコピーは、良くも悪くもツッコまれやすいです。話題になりやすいとも言えますが、注意して使うようにしましょう。

ダブルミーニングという手法も

　同じ言葉に2つの意味をかけるのが「ダブルミーニング」です。これもコピーによく使われている手法です。
　「価値」と「勝ち」をかけて「カチ」と書くというようなことです。ネーミングにもよく使われます。
　新幹線の「ひかり」と「光」のように、商品・サービスの名前と、実際にある言葉を組み合わせることもできます。
　ただし、説明しないとわからないレベルのダブルミーニングでは意味がないので、わかりやすい言葉を選ぶようにしましょう。

人に話したくなるキャッチコピーの作り方

"コンビニ" + "コンビ"
➡ あなたと、コンビに、ファミリーマート
（ファミリーマート）

"おかしい" + "お菓子"
➡ まじめに、お菓子なこと。
（千鳥屋）

"同棲" + "同姓"
➡ さぁ、ただの「同棲」から「同姓」になるお部屋へ・・・。
（ハウスメイト）

"後悔" + "航海"
➡ コウカイを繰り返して、人は強くなる。
（防衛省　海上自衛隊）

「同音異義語」を使ったコピーは、
うまく活用すればクチコミで広がる

PART 4　クチコミでファンが増える！「コピーの見せ方」　119

「オリジナル」の言葉を作る

モノや気分、ターゲットに名前を付けてみる

見たことのないインパクトが生まれる

　キャッチコピーの中でも、ヒトコトでズバッと商品やサービスの良さを言い当てたコピーは印象が強いものです。それですべてを語れるわけではありませんが、「○○（商品名）といえば××（キャッチコピー）だよね」「××（キャッチコピー）の○○（商品名）！」と覚えてもらえれば最強です。

　オリジナルの言葉を作ることで、そのようなコピーができるのです。お手本は、「ゆるキャラ」「マイブーム」などの新しい言葉と価値観を生み出した、みうらじゅんさんです。

気分やターゲットに名前を付けると？

　みうらじゅんさんは、モノゴトに「名前を付ける」ということをしています。商品やサービスを購入することで生まれる「気分」や、商品・サービスを使う「ターゲット」に名前を付けてみる、という方法です。

　雑誌『VERY』もネーミングのお手本です。「シロガネーゼ」や「公園デビュー」など、人や行為に名前を付けて流行を生み出しました。

　たとえば、同じように、便秘薬を使った後のスッキリした気分を「ベンピース」と名付けるとか、起業したけどOL時代の収入を超えられない人を「OM子」（MはLより小さい）と名付けるとか……。今、パッと思い浮かんだものを書いただけですが、そんな感じで思いつくものをアレコレ書いてみると「これだ！」というコピーが生まれるかも。

　あなたの書いた言葉が、話題になれば、新たなブームの火付け役になるのも夢ではありません。

新しい名前を付けて印象に残す！

◎商品の特徴や行為に名前を付けるパターン

> KY（カカクヤスク）でいこう！
> （西友）

KYが「空気読めない」かと思いきや「カカクヤスク」だったという意外性がウリのパターンです。「AKB」などもそうですが、頭文字を並べてオリジナルの言葉を作るとインパクトが出て覚えてもらいやすくなります。

◎商品のターゲットに名前を付けるパターン

> YDK　やればできる子
> （明光義塾）

こちらも頭文字をアルファベットにして並べたパターンですが、これは「ターゲット」に名前を付けています。このように、ターゲットに名前を付けてインパクトを持たせると、「あ、私のことだ！」「これは自分のための商品だ」と興味を持ってもらいやすくなります。

「気分」や「ターゲット」に名前を付けて新たなインパクトを生もう！

47 「たとえ」でイメージさせる

お客様が興味を持っているものでたとえる

たとえることで脳内にイメージが広がる

「優秀な営業マンは、たとえ話が上手い」とよく言われます。人は、いきなり商品の特徴を話されるよりも、自分にとって関心のある（なじみの深い）ものに置き換えて話されることで、イメージしやすくなるからです。たとえ話をするには、商品の「本質」をつかんでおくことが大切です。「何が言いたいのか」がハッキリしていないと、「全然たとえになってない」ということになってしまいます。

見込み客が関心のある分野の何かに置き換える

　商品・サービスを、特徴やメリット（効果）が似ていて、見込み客が興味を持っている分野のものに置き換えてみましょう。つまり、「まるでペットのように可愛い車です」「まるでむきたてのゆで卵のような肌になります」というように、「まるで〜のような」の「〜」に当たるものを探すのです。それをコピーにすると、「うちのペットは○○（車の名前）」「湯上がり、ゆで卵肌」という感じでしょうか。

わかりやすい例を出し比較する

　見込み客にとってピンとくることや、すでにやっていることを引き合いに出して「比較」する方法もあります。「○○は……ですよね。では××はどうでしょう」というパターンです。殖産住宅というリフォーム会社のコピーに〔妻が、若く見られると、うれしい。家は、どうですか。〕とありました。
　「比較」もイメージをしやすく、納得しやすくなる手法です。

たとえるとイメージしやすい

お手本 コピー

　　　ようこそ快適スフレ肌へ

（ノエビアグループ常盤薬品工業 エクセル クリアルーセントパウダー）

「スフレのようにふわふわで軽い肌になれるファンデーション」をヒトコトで「スフレ肌」としています。「まるで〜のような」を探したら、このように短く言い切ってしまうと印象深くなります。

お手本 コピー

　　人は年を重ねるほど魅力的になる。

　　すまいも、そうなれないだろうか。

（三井不動産レジデンシャル）

「○○は□□ですよね。では××はどうでしょう」というパターンで作られたコピー。年を重ねるほど魅力的になるもの、ほかにもありそうですね。

伝わりやすい「たとえ」で
商品・サービスの印象アップ！

言葉を「3つ」並べてたたみかける

覚えやすさ、リズム感が一気に上がる

▎3つ並べるとリズム感が良くなる

　3つの単語が並ぶと、語呂が良く、印象深くなります。〔くうねるあそぶ。〕は日産セフィーロのコピーです。〔清く、正しく、美しく〕という宝塚歌劇団のモットーもおなじみですね。覚えやすいので、それをもじったコピーもよく見られます（GUの〔ゆるく、楽しく、美しく。〕、子どもが大好きなプリキュアにも〔つよく、やさしく、美しく。〕というコピーが使われていました）。

　メリットを3つ並べて印象付ける。ブログやメルマガなどの記事タイトルにも使える方法です。

▎5・7・5のリズムに合わせるのも手

　3つ並べるとリズムが良くなるのと同じく、日本人になじみ深いリズムが、5・7・5です。

　俳句や川柳のように、短い17文字の中に、リズム良く言いたいことをのせたコピーを作ってみましょう。コピーだから、字余りでもOK。完全に5・7・5でなくても、それに近い形なら、リズム感の良いコピーになります。

　ただし、この方法は、なんだか長くなっちゃったとき向けの方法です。もちろん、コピーで言いたいことがはっきりしているのは、大前提です。

　はじめから、5・7・5を狙って書くというよりも、長くてぼんやりしたコピーをキリッと引き締めるために当てはめてみる、というぐらいの気持ちで考えてみましょう。

「3」は信頼感がある数字

どっちのコピーがグッとくる？

Q1 自然体験がウリの幼稚園

A 自然あふれる環境で、子どもがのびのび育つ。
B 木登り、基地づくり、どろんこ遊び。
　自然あふれる環境で、子どもがのびのび育つ。

Q2 定年後向けの起業塾

A 65、まだまだ人生、これからだ。
　やりたいことを仕事にする第二の人生の歩き方。
B やりたいことが、まだたくさんある方の、
　第二の人生の歩き方。

正解は、Q1：B　Q2：A

Q1は具体的に並べている「木登り、基地づくり、どろんこ遊び」でイメージを広げています。
Q2は5・7・5のリズムに合わせたコピーにするだけで、インパクトが強まっています。

魔法の数字「3」で、
コピーを引き締めよう！

PART 4　クチコミでファンが増える！「コピーの見せ方」　125

「対句」でリズミカルに際立たせる

お客様の記憶に残りやすい

対応する語句を、同じ組み立てで並べる

対句とは、意味が対応する語句を同じ組み立てで並べた文章のことです。

同じ組み立てというのは、たとえば
「青い海が輝き、
　白い雲が流れる」のように、
「どんな色の」「何が」「どうする」という文章の構成が同じということです。青と白、海と雲、輝きと流れる。「白い雲が流れる」とだけ言われたよりも、イメージしやすい言い回しになっています。

対句にすることで、伝えたいことが際立つ

対句のパターンは、キャッチコピーの定番です。同じカタチの文章で意味が対になる言葉を書くことによって、伝えたいことが際立ち、鮮明に伝わります。

また、対句の形式は、『万葉集』の時代から日本文学に多く用いられているもの。私たちにとってなじみが深いので、心にすっと入ってきます。

リズミカルになることで、記憶に残りやすい

さらに、文章のカタチをそろえることでコピーがとてもリズミカルになります。

耳で聞いたときはもちろん、目で見たときでも、印象深く記憶に残りやすくなります。

対句から作るリズム

お手本 コピー

最初に脱ぐ服。最後に着る服。

（西武 コートフェア）

これは、「最初に脱ぐ服」であり「最後に着る服」でもあるというコートの特徴を対句的なコピーにした例。コートの中をどんなにがんばったって、コートがおしゃれじゃなきゃ、ということが伝わってきます。

お手本 コピー

がんばる人の、がんばらない時間。

（ドトール コーヒーショップ）

「○○する……、○○しない……」というパターンは、いろんな商品・サービスで使える黄金コピーです。ロート製薬のダイエットサポートである茶花美人は、〔だぼっとした服が、だぼっとしない。〕というコピーで、同じパターンを使っています。

キャッチコピーの定番手法である対句表現を身につけよう！

50 「否定形」で印象アップ！

強い言葉を生み出すために、あえて否定する

■ 言いたいことを際立たせるために、否定形にする

　同業他社やよく似た商品とは違う「自分だけの個性」を引き立たせるために、違いを否定形で表現する方法です。
　ストレートに特長やウリを言われるよりも、「〜ではない」と否定形にされたほうが気になります。

■ 見込み客の行動を否定する方法も

　メルマガやDM、書籍のタイトルなどによくあるパターンです。「○○してはいけない」「まだ、○○していて大丈夫？」など、見込み客が今している行動を否定することでハッとさせ、「私、今のままではヤバいかも」という気持ちにさせます。
　ただ、このパターンは諸刃の剣で、内容によっては上から目線に感じさせたり、煽っている印象を与えてしまうので、使いすぎには注意です。

■ 否定形の宣言にすることで強い意志が感じられる

　「〜しない」と否定形の宣言をすることで、その商品・サービスに込めた思いや、企業の意志が強く伝わります。たとえば、ソフトバンクが、〔つながりやすさNo.1へ〕というキャンペーンをやっていたとき、〔目標じゃない。約束です。〕というコピーがありました。「約束します」とだけ言うよりも、「目標じゃない」という否定形のヒトコトがあることでグッと強い意志を感じられるようになります。
　新たな挑戦を始めるときなどに使いたいコピーです。

◎ 否定形で想い・意志を伝えよう！

コピーがグッと改善！

丁寧に時間をかけてつくったメガネ

> たった数十分でできあがるメガネを、メガネとは呼ばない。
>
> （サザンインフィニティ）

すぐに作れて安い、というのがメガネを選ぶ基準になりがちですが、やはりキッチリと視力や視機能を調べたり、生活習慣に合わせて選んだりすることが必要なんだと気づかせてくれるコピー。世の中の流れに待ったをかける企業の意志を感じるコピーです。

家族の暮らしを支える家づくり

> 家を作るんじゃない。家族の未来を作るのだ。

「Aじゃない、Bだ」という型で、一番言いたいこと（B）を強調するのもよくあるパターンです。

否定形にすることで
言葉の力が強くなる！

51 「倒置法」でキーワードを強調する

いちばん伝えたいことを確実に印象に残す

順番を入れ替えることで印象強くなる

　倒置法とは、語順を入れ替える方法。文章中の言葉の位置を替えることで、文章にリズム感が生まれ、印象強くなります。

　また、最後に持ってきた言葉を強調したいときにも使います。

　たとえば、

　彼女はどこへ行ったのですか？

→　どこへ行ったのですか？　彼女は

最後に置くだけで、「彼女」が強調されますね。

倒置法をコピーに使うときは最後に置く

これをコピーに応用すると……

誰にも気づかれずに１か月で５キロやせた。

→　誰にも気づかれずに５キロやせた。たった１か月で。
　　（「１か月」を強調）

→　１か月で５キロやせた。誰にも気づかれずに。
　　（「誰にも気づかれずに」を強調）

というように伝えたい部分を強調することができます。

　上記のように、商品・サービスの特長やメリット、ターゲットなど、「強調したいところはどこか」を見つけて、それを最後に持ってくれば良いのです。

　簡単な方法なので、ぜひトライしてみましょう。

並び替えるだけで強調できる！

売れるコピーに大変身！

ヘアカラー
夏の私は、気持ちまで軽くなる。

気持ちまで軽くなる。夏の私。
（ミルボン ヘアカラー）

「夏の私」を強調することで、夏の前に髪の色を変えて気分を変えようという季節に対するニーズを喚起することができます。

お手本 コピー
ごめん。イタリアンのお店より美味しいかも。
（味の素 オリーブオイル）

通常であれば、「イタリアンのお店より美味しくてごめん。」となりますが、このようにいきなり謝られると、気になりますね。「ごめん。」「申し訳ありません。」など謝罪から始まり、何だろうと思わせて、商品のウリを言う。使えるパターンです。

いちばん伝えたいことを最後に置くだけで伝わりやすくなる！

PART 4 クチコミでファンが増える！「コピーの見せ方」

52 商品・サービスを「擬人化」する

「感情移入」して、納得しやすくなる

商品・サービスに人格を持たせて、語らせる

商品自体や、商品やサービスの対象物、または関係するものなど、人以外のものに人格を持たせて語る方法です。

セリフにしたり、人間にたとえた行動を描いたりします。

有名なのが右ページにある〔おしりだって、洗ってほしい。〕というウォシュレットの広告。おしりに人格を持たせることで、おしりに感情移入し、「そう言われればそうだな」と商品の必要性を感じます。

商品の特徴がわかりやすくなる

たとえば、〔お味噌は、あまりにも無口でした。〕という、マルコメのコピーがあります。ボディコピーでは、味噌が昔からどれほど日本人の体と健康を支えてきたか、それだけでなく味噌は日本人の心の健康を作っている存在である……ということが書かれています。

マジメな話も、キャッチコピーで「味噌を人に見立てて、感情移入させた」ことで、その後の文章がスッと頭に入りやすくなるから不思議です。

可愛げが出て、コミュニケーションしやすくなる

猫や犬を主役にして、写真に合った人生の格言を書いた写真集が流行っています。

人間が言うと「上から目線」になったり、「むずかしい」と感じられてしまうことも、擬人法を使えば心にスッと届くようになるのです。

擬人化で真面目な話に感情移入させる

お手本 コピー

おしりだって、洗ってほしい。

（TOTO ウォシュレット）

ウォシュレットが登場したときのコピー。おしりの気持ちになってと言われたら、そうかもしれないな、と不思議と納得してしまいます。

お手本 コピー

その日、突然、カロリーは姿を消した。

（サントリーBOSS ゼロの頂点）

カロリーがない、ということを「カロリーが姿を消した」と表現。松たか子さんと松本幸四郎さん親子のサスペンス風のCMも印象的でした。

伝えたいことを柔らかい表現で伝えることができる！

53 言葉を「極端」にする

これでお客様が無視できなくなる

同じことでも、「気になる言い方」にする

　同じことを言っているのに、多くの人が気になってしまう表現があります。

　言葉に引っ掛かりがあるというか、スルーできずに思わず読んでしまうような言葉です。

　たとえば、少し前に流行った「〜すぎる」という言い方。「美人すぎる議員」「神すぎる対応」など、思わず、「どういうこと!?」と気になります。

見方を変えて、可能性を伝える

　言い方を変えるだけでなく、対象物の見方を変えることで、そのものの可能性が広がったり、期待感が高まることもあります。

　たとえば、〔ロケットも、文房具から生まれた。〕（トンボ鉛筆）、〔四十才は二度目のハタチ。〕（伊勢丹）などは、そういう見方もあるな！と感じられ、文房具の価値が上がったり、40歳になるのが楽しみになったりします。

　今までとはちょっと違う視点で商品やサービスを見てみると、思いもよらなかった、大きな可能性を感じられるコピーが生まれるかもしれません。

　ただし、ウソや大げさすぎる表現はNGです。

　そう言われればそうだな、と読み手が納得できる内容でないと、うさん臭さだけが残って、逆効果になってしまいます。実際の商品・サービスと極端さのバランスをうまく取りましょう。

お客様の「気になる！」を引き出す強い言葉

惜しい！コピー
　　　女性に人気の冷やしメロンパン。

↓

グッとくる！コピー
　　　女子が愛してやまない冷やしメロンパン。

ほとんど同じ意味でも、「人気」を「愛してやまない」と強い言葉に言い換えるだけで、印象が大きく変わります。

お手本 コピー
　　　無限の可能性をのせている一平米の世界。
　　　　　　　　　　　　　　　　　（丸井 学習机）

学習机の前で過ごす時間は、子どもの未来を育む時間。
だから無限の可能性をのせている……、
たしかにそう言われれば、学習机選びって大事だなと思わせられるコピーです。

商品・サービスの魅力を
強い言葉で最大限引き出そう！

> コラム4

COLUMN
専門用語は、できるだけ使わない

伝わらない言葉で、集客のチャンスを逃す場合も

　わかりやすい文章を書くには、専門用語に注意せよ、とよく言われます。会話や文章中にも、自分の周りの人やその業界の人だけしか知らない言葉はありませんか？　読み手は、知らない言葉が出てくると、先を読む気が失せてしまいます。

　たとえばイベントの告知をした場合、そのイベントに参加したことがある人や関心の高い人だけしか知らない表現があると、それ以外の人は、「わたし、行ってもいいのかな？」「場違いになるんじゃ」と躊躇するでしょう。「誰に伝えたいか」をしっかり決めて、「どれぐらい専門用語を取り入れるか」を決めることが肝心です。

「自分たちにしかわからない言葉」が効果的な場合もある

　専門用語がすべてNGというわけではなく、大切なのは「相手が普段使う言葉を使う」ことです。経営者が読むビジネス雑誌には、経営者向けの専門用語が踊っています。女性誌でも、その雑誌の読者にしかわからない言葉が出てきます。若い子向けの雑誌（『JJ』）にあった「おしゃP」って何だろう？　と思ったら、「おしゃれプロデューサー」という意味でいわゆるファッションリーダーのことのようです。

　私は子どもを産んではじめて、「完母（完全母乳）」「完ミ（ミルクだけ）」という言葉を知りました。その立場にならないと知りえない言葉ですよね。

　こういった「内輪だけに伝わる言葉」は、意識的に使うことで、仲間意識を強めたり、連帯感が生まれたりするという効果を生むことにもつながります。

PART 5

ずっと売れ続ける！
「心に刺さるフレーズの作り方」

キャッチコピーを作るための公式、アイデアの仕入れ方・生み出し方がわかれば、
いつでもどこでも簡単にキャッチコピーが作れます。
売れるキャッチコピーを量産する秘訣を紹介します。

54 ➡ ➡ ➡ 65

54 キャッチコピーが「1分で作れる公式」

どうしてもキャッチコピーが浮かばないときに

誰でも簡単にコピーができる公式

本書の手法をまとめた、ただ当てはめるだけで、コピーが完成する公式をお教えします。

公式1．ターゲット ＋ ベネフィット ＋ 商品

ターゲットに、「あなたにとってどう良いか」を伝えれば、それだけでグッとくるキャッチコピーになります。
「どんな人」を「こんな理想の状態に変える」「商品」または、
「どんな人」に「どんな風に役立つ」「商品」というように言葉をつなげばキャッチコピーのできあがり。
長くなる場合は、ターゲットとベネフィットのみにすればOKです。

公式2．引きつける言葉 ＋ 商品特徴

キャッチコピーの役割は、ヒトコトで、ターゲットの注意を引きつけ、次を読んでもらうこと。「なんだ？」「どういうこと？」と思わせ、「これ気になる！」「欲しい！」につなげましょう。
「引きつける言葉」とは、具体的には、それを使った（食べた、飲んだ、行った）ときの驚きの言葉や、ターゲットの願望を刺激する言葉です。

公式3．なぜ……なのか、で読み手の気持ちを引きつける

人は、「なぜ？」と聞かれると、思わず理由を知りたくなるものです。
「なぜ」の後に、意外な方法や驚きの結果をつなげ、読者の興味を引きつけましょう。

売れるキャッチコピーの公式の使用例

公式1の使用例

忙しい人が 20秒でチャージできる、バランス栄養ドリンク
ターゲット　　ベネフィット　　　　　　商品

働くママの お受験がラクになる 本
ターゲット　　ベネフィット　　商品

公式2の使用例

ホッペが落ちる!? ぞっこんロールケーキ。
　　引きの言葉　　　　商品特徴　　（千趣会 ベルメゾンのサマーギフト）

やっぱり大好き！ ギンガムチェック。
　　引きの言葉　　　商品特徴　　（ララント ギンガムチェック柄パジャマ）

公式3の使用例

なぜ、偏差値40から 家で一切勉強せずに 東大に入れたか
なぜ　よくある状況　　意外な方法　　　驚きの結果

なぜ、何をしても痩せなかった私が、寝るだけで マイナス15キロ!?
なぜ　　悩んでいる状況　　　　意外な方法　　理想の結果

なぜ、叱らずに 子どもが言うことを聞くのか？
なぜ　簡単な方法　　　驚きの結果

ターゲットと商品が見えていれば、
公式が何倍も効果を発揮する！

PART5　ずっと売れ続ける！「心に刺さるフレーズの作り方」　139

55 思わず注文したくなる「メニュー名」の付け方

メニュー名に「形容詞・食感・産地」を入れる

メニュー名1つで、売上は変わる！

　同じオムライスでも、単に「オムライス」と書かれているより、「ふわとろ卵のオムライス」のほうが美味しそうに感じます。

　飲食店や食品販売をする方にとって、メニュー名を変えることは、いちばん手軽でいちばん効果のある方法です。パターンに当てはめて、「今より3倍売れるメニュー名」を作ってみましょう。

効果・メリットを表す形容詞を入れる

「1日分の野菜が摂れる」「コラーゲン入り」など、効果やメリットを表す言葉を入れます。

食感でイメージさせる

　ふわふわ、とろーり、カリカリ、サクサク、じゅわっと……など、食べたときの食感を表す言葉を入れると、イメージが膨らみます。

産地・栽培方法のこだわりを語る

「こだわり」「厳選素材」「究極」など、漠然とした言葉では本当の価値が伝わりません。

「厳選素材にこだわった究極のラーメン」ではなく、厳選した素材とは何か、どこがどう究極なのかを具体的に書きましょう。

「久米島の天然塩で作った昭和の懐かし塩ラーメン」「比内地鶏を丸ごと煮込んだ贅沢ラーメン」など、産地や栽培方法のこだわりを入れるだけで、価値が伝わります。

◎ 「美味しそう」なメニュー名を付けよう！

● 効果・メリットを表す形容詞を入れる

キレイやせ！ おからクッキー
効果・メリット

● 食感でイメージさせる

じゅわっと旨みが広がる ローストビーフ
　　　　食感

● 産地・栽培方法のこだわりを語る

北海道美幌町の山下さん が作ったジャガイモたっぷりコロッケ
　産地・栽培方法

＜飲食店以外でも使える！＞

惜しい！コピー

　　　美白ベーシック　フェイシャルエステ

グッとくる！コピー

　　　90日でファンデーションいらずになれる
　　　美白フェイシャルエステ。

効果・メリットを表す言葉を入れただけで、グッと気になるメニュー名に変わります。どんな業種でも、商品・サービス名、メニュー名を考えるときに応用できるパターンです。

メニュー名にもキャッチコピーの考え方が応用できる！

56 書籍タイトルには売れるヒントがいっぱい

キャッチコピーに迷ったら、本屋に行こう

今、売れている書籍タイトルをもじってみる

　書籍のタイトルは、著者や編集者が時間をかけて分析し考え抜いた珠玉の1行。タイトルに惹かれて買った人もいるでしょう。どんな言葉が人の心に刺さるか、どんな言葉がトレンドなのかもわかります。

　そこで、書店に行き、売れ行きの良い本が並んでいるコーナーで、平積みされている本のタイトルを見てみましょう。ベストセラーのタイトルを書き出してみて、自分の商品やサービスに当てはめると良いです。ただし、アイデアを借りるときは、程度によっては盗用になってしまう場合があるので、ヒントや参考程度にとどめておいてください。そのまま使う場合は、必ず引用元を明示しましょう。

全然違うジャンルの書籍も使える

　ビジネス書や自己啓発書に目が行きがちですが、料理本や歴史書、俳句や園芸など普段は見ない本のコーナーに行くと意外なヒントが落ちていることもあります。ネットで検索するのも良いですが、リアルな書店のほうが予想外の言葉に出会える点で一歩リードです。数歩歩けば、全然知らなかった世界のリアルな言葉たちに出会えます。

「帯」のコピーも、かなり使える！

　書籍の帯（オビ）に書いてある言葉も、キャッチーで人を引きつける言葉がたくさんあります。誰かの推薦する言葉が書かれていることも多いですが、それこそ、「リアルなセリフのようなコピー」のお手本的存在です。

本のタイトルをあなたの商品に当てはめよう

＜炊き込みご飯の素＞でキャッチコピー

『君はピカソを知っているか』布施英利著 筑摩書房

➡ 君は、釜焚きご飯の味を知っているか？

『伝え方が9割』佐々木圭一著 ダイヤモンド社

➡ 炊き込みご飯は、出汁が9割。

＜万歩計＞でキャッチコピー

『太るクセをやめてみた』本島彩帆里著 主婦の友社

➡ 「フツーに歩く」をやめてみた。

『ずぼらな人の作りおきおかず』主婦と生活社

➡ ずぼらな人でも歩くのが楽しくなる法則。

書店内を歩いて、キャッチコピーに使えそうなタイトルを見つけよう！

57 雑誌の見出しは、使える言葉のオンパレード

ターゲットの目線で、雑誌の見出しを見てみよう！

あなたのターゲットは、雑誌で言うとどれ？

　たとえば「30代の子育てママがターゲット」と言っても、30代ママが読む雑誌は千差万別。『VERY』（光文社）、『LEE』（集英社）、『saita』（セブン&アイ出版）、『Mart』（光文社）、『サンキュ！』（Benesse）、『ESSE』（扶桑社）、『クーヨン』（クレヨンハウス）など、まだまだたくさんあります。

　見出しを見ると、それぞれの雑誌でターゲットとなる女性のライフスタイル（生活習慣や好きなブランド、何に関心があるか、自由に使えるお金の額）が違うことがよくわかります。あなたの商品やサービスのターゲットは、雑誌で言うとどれでしょう？

　女性はわかりやすいですが、男性でも同じです。

　ファッション誌なのか、生活情報誌なのか、料理雑誌か、ビジネス雑誌か。ターゲットが何にいちばん関心を持っているかを考えると、どの雑誌に興味があるのか見えてきます。

見出しには、ターゲットに「刺さる」言葉がいっぱい

　『VERY』の中でもインパクトがあったのが〔母さん、夏の終わりに豹になる！〕（2010年9月号）。秋にはヒョウ柄がトレンドです、という内容ですが、当時かなり話題になりました。

　420円という、ほかよりも格安の雑誌『サンキュ！』の見出し、〔夏老け女子のための緊急リセット美容術〕〔主婦が「今、いちばん幸せ」と思える生き方。〕なども、ターゲットがグッとくるポイントを押さえています。

ターゲットに響く雑誌のコピー

<女性ファッション誌>

運命変えちゃう冬私服
（角川春樹事務所 『Popteen』2017年2月号）

だって、「幸せそう」って思われたい！
（小学館 『Domani』2016年5月号）

<男性ファッション誌>

男の価値は、コートが語る
（小学館 『MEN'S Precious』2016 winter号）

欲しいのは、着た瞬間から「味」なシャツ！
（ハースト婦人画報社 『MEN'S CLUB』2013年7月号）

<ビジネス雑誌>

「英語」0秒勉強法
（プレジデント社 『PRESIDENT』2015年9月14日号）

できる人はノートに何を書いているのか？
（PHP研究所 『THE21』2017年1月号）

雑誌の見出しは、ターゲットが気になるフレーズのオンパレード。自分の商品・サービスのターゲットは「雑誌で言うとどれが近いだろう？」と考え、その雑誌の見出しに使われているキーワードを参考にするといいでしょう。

雑誌で、ターゲットの「関心」と「響くキーワード」がわかる！

PART 5　ずっと売れ続ける！「心に刺さるフレーズの作り方」　145

58 「キャッチコピー脳」になる基礎トレ

コピーがどんどんあふれ出る

普段は見ないジャンルのものに触れよう

「キャッチコピーを作るには語彙力が必要ですか？」とよく聞かれます。必要なのは、むずかしい語彙をたくさん覚えることよりも、「今の時代に生きている言葉に触れること」「今、みんなが興味のあることは何かをつかむこと」です。

そのためには、普段とは違う情報に接することが大切です。入ったことのない店に入ってみる、いつもは見ない雑誌を読んだりテレビを見る、あえていちばん興味のない映画を見る。そして、そこで使われている言葉で気になったものがあればすぐにメモをします。

スマホの「メモ帳アプリ」に声で録音するのも便利です。

そんなことが、言葉やアイデアのストックになります。

電車では広告・人間観察からヒントを得る

電車の中はヒントの宝庫です。広告からヒントを探したり、人間観察をします。

電車に乗っている人の中から自分の商品・サービスの「ターゲットっぽい人」を見つけます。その人が、今朝起きてから何をしたか？　誰とどんな会話をしたか？　仕事は何か？　家族構成は？　恋人（妻や夫）はいるのか？　それはどんな人か？　今、何に悩んでいるか？　帰ったらまず何をするか？　などを想像（妄想）するのです。

ジロジロ見過ぎると怪しいので、チラリと見た相手の表情や服装、車内での行動などから、自分の中で想像を膨らませていきます。このトレーニングは、ターゲットをリアルに想像するときに役立ちます。

🌀 アイデアは日常にあふれている

降りたことのない駅で降りる

旅に出ていつもとは違う環境に身を置くと、新しいひらめきが生まれるものです。看板、店先のポスター、POPなど、街にはキャッチコピーのヒントがあふれています。

ターゲットが集まる場所に行く

自分で考えた「ターゲットの悩み・理想」は、正解とは限りません。ターゲットの行動を観察したり、声を拾ったりすることで、本当の考えや悩み、ニーズが見えてきます。

とにかくメモる

キャッチコピーは、寝る前、電車、家事、マラソン、トイレ、シャワーなどいろんな場所や場面で思いつくものです。忘れないうちに、メモ帳やスマホで記録・録音しましょう。

誰かと話す

周りの人と話すことで率直な意見が参考になったり、そのまま使えるフレーズが出てきたりします。話題がめまぐるしく変わるので、話したことを忘れる前にメモしましょう。

様々な場面で言葉やアイデアをストックしておこう！

PART 5　ずっと売れ続ける！「心に刺さるフレーズの作り方」

59 「言葉の引き出し」を増やす方法

言葉・アイデアを自分の中に増やしておこう

「自分ならこうする」と言うナイターの親父に学ぶ

　野球のナイター中継を見ながら、「オレが監督だったら、ここでピッチャーは変えないな」と言う人を見たことはありませんか？　自分が監督や選手になりきる人、いますよね。
　そんな「自分ならこうする」という発想を、日常生活にも取り入れるのです。たとえば、映画の邦題を見て「自分ならこうする」を2、3案考えてみる。正解はないので、自由な発想で、なんでもアリで考えればOKです。友達や同僚と言い合ってみるのも面白いですね。また、スーパーや家電量販店などに行って、興味のある商品に、自分で勝手にキャッチコピーを作ってみるのも楽しいです。世の中にある商品やサービスすべてがトレーニングの教材になります。

「可愛い」「素敵」禁止令

　語彙力、ボキャブラリーを増やすには、普段自分が使いがちな言葉を封印してみるのも効果的です。何を見ても「可愛い」「素敵」で済ませていませんか？　「可愛い」「素敵」「いいね」「面白い」と思ったら、何がどうかわいいのか、どこがどんな風に素敵なのかを考えてみましょう。そしてそれを言葉にしてみるのです。
　「なんか良いな」と思ったら、なぜ自分がそれに惹かれたのかを考え、言葉にしてみる。デパ地下でスイーツを見て「かわいい」のヒトコトで済ませず「色遣いが春っぽくておいしそう」というように、具体的に良さを表現してみる。それだけで、読み手が「わかる！」と思うような「実感のある言葉」の語彙力が増えていきます。

🌀 お客様に刺さる言葉を獲得するには？

行動するミーハーになる
流行から、時代のニーズや流行した理由を分析することで、「今の時代を生きている言葉」の引き出しが増えます。

エッセイや小説を読む
情景描写の表現を学ぶことで、読む人の頭の中に、イメージが広がるコピーを書けるようになります。

流行っている歌の歌詞を読む
歌詞も情景描写の参考になります。お気に入りの歌詞から、具体的な情景描写を学び取りましょう。

世界のことわざから「視点」を学ぶ
「人間はまちがいの息子だ」（アラビア）など、世界のことわざには特徴的な視点があります。「ユニークなものの見方」を身につけましょう。

古今東西の名言からヒントを得る
「必要は発明の母」「贈り物は岩をも砕く」など、名言や漫画・ドラマの名ゼリフの中にもヒントがあります。

語彙力が増えていけば、いろんなキャッチコピーを作れる！

PART 5　ずっと売れ続ける！「心に刺さるフレーズの作り方」

60 誰でも作れる「売れるネーミング」の基本

ネーミングは、いちばん身近なキャッチコピー

ネーミングひとつで売上が45倍に!?

　お客様の心を一瞬でつかむには、商品やサービスの「名前＝ネーミング」も大切です。ネーミングを変更したことで爆発的に売れた商品もたくさんあります。たとえば、紳士用の抗菌防臭靴下の先駆けであるレナウンの「通勤快足」。もともとは「フレッシュライフ」という名前だったのを「通勤快足」に変更したところ、1億円強だった売上が一気に13億円に。2年後には45億円を突破し今も売れ続けています。このネーミングは、社内で集めた案の中から選ばれたそう。このように、ネーミングを変えるだけで売上アップも可能なのです。

　代表的なネーミングの方法を2つご紹介します。

語呂合わせ

　ダジャレ感覚のネーミング。うまくいけばインパクトがあり覚えてもらいやすい。高級ブランドなどには向きません。

例：湯名人　←　有名人　（ジャノメ、風呂）
例：アスクル　←　明日来る　（ASKUL、オフィス用品通販）

語尾を変える

　ある言葉の語尾を変えるだけでも、覚えやすくキャッチーな印象になります。「ちゃん」や「くん」を付けて擬人化する方法も。

例：ブレンディ　「ブレンド」＋ y　　　　（AGF）
例：ガリガリ君　「ガリガリ（食感）」＋「くん」（赤城乳業）

売れるネーミング5つのポイント

① 覚えやすいか
② 口にしやすいか
③ 機能や効果をイメージしやすいか
④ 省略しやすいか
⑤ どこかで聞いたことはないか（聞き覚えがないか）

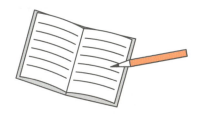

知っておくと便利に使える技術

ガギグゲゴは男性的、ハヒフヘホは女性的と言われているように、語感で印象が変わります。

ひらがな、カタカナ、アルファベット、漢字など、変えてみると印象が良くなったり、読みやすくなったりすることもあります。いろいろ書き換えてみましょう。

売れるネーミングはヒトコトで心をつかむキャッチコピーと同じ！

「書き出し」の テッパン5パターン

ターゲットやメリットと同じくらい重要な「1行目」

1行目が読まれないと、どんなに良い文章でも意味がない

　セールスレターでも、チラシでも、Facebookの投稿でも、1行目はキャッチコピーのようなものです。なぜなら、1行目がつまらないと続きを読んでもらえないからです。どんなに時間をかけて書いた文章も、読まれなければ存在しないのと同じです。1行目に「今日は、○○しました」と小学生の日記のような文章を書いたりしていませんか？　1行目を変えるだけで、文章はグッと印象が変わるのです。
　心をつかむ文章のテッパン書き出しパターンを5つ紹介します。

1．**読者に問いかける**
　今ある文章を疑問文にするだけでも印象は変わります。

2．**意志、決意、ミッションから始める**
　商品の背景にある「想い」の部分に人は惹かれ突き動かされます。

3．**数字を入れる**
　読者が頭の中でイメージしやすい数字を使うことがポイントです。

4．**最新情報・新しい価値観**
　新しい情報や価値観によって、期待感を高めます。

5．**逆説・意外性**
　「え？」と思わず聞き返したくなるような文章で興味を引きます。

◎ テッパンを実際に使ってみると

1. 読者に問いかける

例：なぜ、たった5時間で「心をつかむ文章」が書けるようになるのか。
例：北海道のジャガイモで作ると美味しくなるのはなぜだろう。

2. 意志、決意、ミッションから始める

例：アレルギーで苦しむ子どもたちにケーキを食べさせたい。
例：帰って10分で作れるレシピで、働くママを楽にしたい。

3. 数字を入れる

例：毎日3分使うだけで、3週間後の自分に驚くはずです。
例：きれいな人は、姿勢が8割。

4. 最新情報・新しい価値観

例：集客=文章力の時代の到来です。
例：「やわらかグレー」の時代です。

5. 逆説・意外性

例：美肌のために、毎日顔を洗ってはいけない。

「1行目」から
お客様を引きつけよう！

PART 5　ずっと売れ続ける！「心に刺さるフレーズの作り方」　153

62 今すぐ使える「売れるフレーズ集」①

商品・サービスが「悩み」を解決することを伝える

フレーズ1：悩み解決

＜不安・不満を解消する＞

○○を□□へ
　例：忙しいひとを、美しいひとへ。
　　　　（パナソニックビューティー）
　例：イチゴ毛穴をゆでたまご肌へ。

○○が□□になる
　例：家庭の食卓が、高級料亭の予約席になる。
　　　　（宝仙堂 すっぽん鍋セット）
　例：関数電卓機で、計算が楽になる。

○○卒業
　例：ファンデ卒業。
　例：時間をかける集客、卒業。

もう、○○はいらない
　例：もう、恋はいらない。愛だけが欲しい。
　例：もう、タンスの肥やしはいらない。

まだ○○していませんか？
　例：まだ痛い脱毛していませんか？
　例：まだやせないダイエットをしていませんか？

○○だけで安心ですか？
例：家計チェックだけで安心ですか？
　　本当に見直すべきところはほかにあります。
例：セミナーだけで安心ですか？
　　さらに結果を出す方法があります。

＜こんな悩み、ありませんか？＞
○○と感じたら
例：肌に疲れを感じたら。
例：このままじゃヤバいと感じたら。

○○だといいなと思いませんか？
例：時間をかけずに集客できたらいいなと思いませんか？
例：白いシャツ。
　　買ったときの白さがずっと続くといいなと思いませんか？

なぜ、○○できないのだろう？
例：なぜ、自分らしく生きられないのだろう？
例：なぜ、いつも笑っている母でいられないのだろう？

○○なんて、誰が決めた？
例：手作り作家は稼げない、なんて誰が決めた？
例：餃子にはタレ、なんて誰が決めた？

お客様の不安・悩みを
解決するコピーを作ろう！

63 今すぐ使える「売れるフレーズ集」②

この商品・サービスがあればもっと○○になれる

フレーズ2：欲望を刺激する

＜特別感を表現する＞

○○に決めてよかった
- 例：中古マンションに決めてよかった。
- 例：陶芸教室に決めてよかった。
  ほかの習い事とは違う優雅な時間が過ごせる。

こんな○○があったのか！
- 例：こんな集客方法があったのか！
- 例：こんな便利なスマホがあったのか！

一生役立つ○○
- 例：一生役立つテーブルマナー。
- 例：一生役立つ仕事の技術。

こんな気持ちはじめて
- 例：こんな気持ちはじめて。肌の上でクリームが溶けていく。
- 例：こんな気持ちはじめて。自然に応援しあえる仲間ができた。

＜逆説表現＞

○○なのに□□
- 例：ケーキなのに野菜。
- 例：ヨガなのに体を動かさない。

○○か□□か
例：楽しむ集客か、苦しむ集客か。
例：今やるか、ずっとこのままか。

○○がなくても□□できる
例：パソコンがなくても経理ができる。
例：オーブンがなくても本格ケーキが作れる。

必要なのは、○○より□□
例：必要なのは、センスより発見。
例：必要なのは、時間よりコツ。

＜知りたい欲に訴える＞
なぜ、○○は□□なのか
例：なぜ、成功する人は早起きなのか。
例：なぜ、あの人はいつもキレイなのか。

○○じゃ、満足できない
例：もう、エステじゃ満足できない。

○○だけが知っている
例：成功者だけが知っている売れるセミナーの法則。
例：美容部員だけが知っている美肌のヒミツ。

欲望を刺激して、良い未来をイメージしてもらおう！

PART 5　ずっと売れ続ける！「心に刺さるフレーズの作り方」

今すぐ使える「売れるフレーズ集」③

いちばん買ってほしい人にダイレクトに訴えかける

フレーズ3：共感型「これ、私のことだ！」

＜ターゲットを分類する＞

○○な人へ
例：ブログ読者を増やしたい人へ。
例：子どもの「食べない」「好き嫌いが多い」に困っているママへ。

○○が足りない人へ
例：ビタミンが足りない人へ。
例：愛が足りないと思っている人へ。

○○歳になったら
例：45歳になったら。
例：35歳を過ぎたらすぐ。

○○好きにはたまらない
例：ロールケーキ好きにはたまらない。
例：ミスチル好きにはたまらない。

○○好きが待っていた
例：珈琲好きが待っていた待望の一品。
例：動画好きが待っていたあの映像。

○○した人の××
例：育休復帰した人のマストアイテム。
例：起業した人なら知っていてほしい。

今日、○○した人へ
例：今日、3回以上ため息ついた人へ
例：今日も子どもにイライラした人へ

＜ターゲットの願望を表現する＞

○○したい
例：お金をかけずに集客したい
例：夏までに5キロやせたい！

いくつになっても○○でいたい
例：いくつになっても仲良し夫婦でいたい。
例：いくつになってもキレイなママでいたい。

○○でいてほしい
例：両親にはずっと元気でいてほしい。
例：子どもには自主性をはぐくんでほしい。

ターゲットが明確だから、言葉が刺さる！

65 今すぐ使える「売れるフレーズ集」④

流行を追いたい人に効くキャッチコピー

フレーズ4：売れている感を出す

＜実績を出す＞

○○突破
例：販売数1万個突破！ 毎月1000個以上が売れ続ける○○

例：おかげさまで受講者のべ1000人突破！
　　感謝の気持ちを込めて限定キャンペーン

リピーター続出の○○
例：リピーター続出のファッションカウンセリング。
　　リピート率の秘密はあいさつにある。

例：リピーター続出のプリン。
　　しっとりした口当たりがくせになる。

○○％の人が驚いた
例：85％の人が驚いた麹の実力。

※具体的な数字を入れる際は、アンケートを取るなど、
　根拠のデータが必要です。

＜第三者の声＞

人気○○が語る
例：人気CAが語る崩れないメイクのポイント。

例：人気ソムリエが選んだ今年注目のボルドーワイン。

○○が注目する
例：売れる起業家が注目する交流会。
例：一流のコックが注目する調味料。

○○も愛用する
例：読者モデルがこぞって愛用する。

＜期間や期限、季節感を出す＞
ついに○○開始！　いよいよスタート
例：ついに本日正午よりお申し込み開始！
例：いよいよ最終セールスタート！

今なら、今だけ、今こそ
例：今なら抽選で100名様に当たる！
例：夏まであと3か月。今こそキレイになるタイミングです。

＜カンタンさ、手軽さを表現する＞
○○するだけ
例：カゴに入れるだけで、お部屋すっきり収納術。

○○した瞬間に
例：口に入れた瞬間に、自然な甘みが広がる。
例：手にした瞬間に、違いがわかっていただけるはずです。

キャッチコピーで
買うための理由を作ろう！

PART 5　ずっと売れ続ける！「心に刺さるフレーズの作り方」

COLUMN
具体的なシーンが浮かぶように書く

イメージさせることが最大の強み

あふれる情報の中から、お客様に目を止めてもらい、手に取ってもらうためには、「あ！　これ私のことだ！」と思ってもらうことが必要です。そのためには、

◎ お客様の悩みを書き出す
◎ お客様の理想（幸せな未来のイメージ）を書き出すことです。

このときに大切なのが、「具体的に書く」ということです。たとえば、エステサロンのフェイシャルエステのキャッチコピーを考える場合、お客様の悩みとして、

- 肌がくすむ　● シミが増えた　● しわが気になる

などを書きがちなのですが、これでは漠然としすぎです。

ターゲットが、「幼稚園ぐらいの子供がいて、少しだけ昼間に自分の時間ができた、36歳ぐらいの女性」と決めたなら、その人がリアルに悩んでいることを情景が浮かぶように書き出してみましょう。

- 疲れてないのに「疲れている？」と聞かれる。
- もう何年も気になっているシミが目の下にある。
- おでこのシワが気になって、前髪を上げられない。

ほかにも、直接「お肌」に関係なさそうなことだって……、

- 20代のころに似合った色の服が、似合わない。
- ベージュやグレーを着ると、疲れて見える。
- 夫が最近顔を見て話してくれない。

こんなことも、お肌の悩みに関連づけて、語ることができます。

さて、あなたのお客様の悩みを、「具体的に、シーンが想像できるように」書くとしたら？　それ、そのままキャッチコピーになります。